Grashüpfer

Brigitte vom Wege · Mechthild Wessel

333 Spielspaßideen

Brigitte vom Wege · Mechthild Wessel

333 Spielspaßideen

HERDER
FREIBURG · BASEL · WIEN

Inhalt

Vorwort

„Der Gegensatz des Spiels zum Ernst des Lebens kann nur Erwachsenen zum Bewusstsein kommen, denn Kinder spielen eigentlich immer; bei ihnen ist Spiel und Leben eins."
Ricarda Huch

Kinder sind aktive Mitgestalter ihrer Entwicklung und Bildung. Sie lernen von Geburt an, wobei das wesentlichste Potential für die kindliche Entwicklung in ihnen selbst steckt. Die Welt des Kindes ist fast völlig durchdrungen vom Spiel. Im Spiel eignen sie sich Schritt für Schritt die Welt an und erfahren, wie die Dinge funktionieren, sich wiederholen und veränderbar sind. Spielen ist für sie Lernen und Lernen ist für sie Spielen. Im Spiel üben Kinder sozusagen ihre „Berufstätigkeit" aus und werden somit zum **„Akteur ihrer eigenen Entwicklung"** (Jean Piaget).

Damit sich ihr Selbstbildungspotential optimal entfalten kann, benötigen Kinder stabile Bindungen, eine erfahrungsreiche Umgebung und die Möglichkeit, selbstständig eigene Ideen auszuprobieren.

Dabei kommt besonders den Erwachsenen eine wichtige Rolle zu, zu denen Kinder vertrauensvolle und dauerhafte Beziehungen haben. Diese Bezugspersonen sind Vorbilder für das eigene Verhalten, für Wertorientierungen und die wichtigsten Unterstützer des Lernens.

Lust zu lernen haben Kinder aber nur dann, wenn sie Bestätigung bekommen, wenn sie Erfolg verspüren und motiviert werden, weiter zu machen. Erwachsene Bezugspersonen wie Eltern und Erzieher müssen Kindern den Zugang zur Welt ermöglichen.

Bezugspersonen, die ihre sorgende und fördernde Rolle ernst nehmen, stehen dieser Aufgabe oft ratlos gegenüber. Sie wollen die Voraussetzungen dafür schaffen, dass ihre Kinder zu selbstständigen, kompetenten Persönlichkeiten heranwachsen, fragen sich aber, wie sie ihre Kinder auf diesem Weg am besten begleiten können.

„Hilf mir, es selbst zu tun!"

(Maria Montessori)

Dieses Buch bietet zahlreiche Spiele, Reime, Lieder, Bastel- und Malaktionen, die Kindern im **Kleinkindalter**, im **Kindergartenalter** und im **Grundschulalter** Spaß machen – und die ganz nebenbei an vorhandene Fähigkeiten anknüpfen und diese fördern. Die Angebote für die drei Altersstufen sind jeweils sechs Kompetenzbereichen zugeordnet, in denen Kinder von 1 bis 8 Jahren die größten Entwicklungsfortschritte machen:

Sprache – Kognition – Bewegung – Malen und Gestalten – Musik – Sozialisation.

Jedes Kind verfügt in jeder Entwicklungsstufe über ganz individuelle Bedürfnisse, Fähigkeiten und Interessen, die Erwachsene – ob Eltern, Großeltern, Erzieher oder andere Bezugspersonen – zunächst einmal erkennen und berücksichtigen müssen. Daher sind jedem Kapitel in diesem Buch zunächst Hinweise auf die besonderen Entwicklungsaufgaben der jeweiligen Altersstufe in dem spezifischen Bereich vorangestellt. Den theoretischen Erläuterungen ist ein Beispiel aus der Praxis zugeordnet, das verdeutlicht, warum es im Alltag mit Kindern so wichtig ist, über die kindliche Entwicklung Bescheid zu wissen – denn nur so können Erwachsene angemessen auf das Tun des Kindes reagieren.

„Wer spielt, der lernt! Wer lernt, der lebt! Wer lebt, der spielt."

(Jörg Roggensack)

Die praktischen Spielanregungen machen den Hauptteil des Buches aus. Unter Angabe der jeweiligen Altersstufe haben wir bekannte und neue Ideen zusammengestellt: Lieder, Bewegungsspiele, Gestaltungsvorschläge, Experimente – für drinnen und draußen, verschiedene Jahreszeiten, Feste und Feiern. Sie können allein, zu zweit, in der Gruppe, mit oder ohne Erwachsene organisiert und ohne viel Zeit- und Materialaufwand umgesetzt werden.

Neben den praktischen Spielvorschlägen ist jeweils ein ganzes Kapitel den Spielmaterialien gewidmet. Eine kleine Checkliste empfiehlt Spielzeuge und -materialien, die einerseits käuflich zu erwerben sind, andererseits aber auch gemeinsam mit dem Kind oder für das Kind gebastelt werden können. Viele aus wiederverwertbaren Materialien, sozusagen zum Nulltarif, zum Beispiel eine Murmelbahn aus einem Wasserschlauch oder eine Marionette aus Konservendosen. Kinderförderung muss nicht an den Kosten für aufwendige Spielmaterialien scheitern.

„Spielen ist Experimentieren mit dem Zufall"

(Novalis)

Im Spiel setzen sich Kinder aller Altersstufen mit der Umwelt auseinander. Sie sind geborene Forscher und Entdecker. Sie lernen durch Probieren, durch Versuch und Irrtum, durch Nachahmung, durch Erfahrung und Einsicht. Natürliche Spielräume, die spontane Erlebnisse zulassen, werden aber immer weniger. Umso wichtiger ist es, dass Sie Ihrem Kind Zeit geben und es auf diesem langen Weg begleiten – mit den Gedanken von Konfuzius:

„Erkläre mir und ich werde vergessen.
Zeige mir und ich werde mich erinnern.
Beteilige mich und ich werde verstehen."

Wir wünschen Ihnen viel Freude beim gemeinsamen Spielen und Lernen!

Brigitte vom Wege, Mechthild Wessel

Die folgenden Symbole erleichtern die Orientierung innerhalb des Buches. Sie verweisen auf die verschiedenen Informationsebenen.

Hier finden Eltern, Erzieher und andere erwachsene Bezugspersonen Informationen zu entwicklungspsychologischen Grundlagen des jeweiligen Kompetenzbereichs.

Dieses Zeichen verweist auf praktische Spielideen zur Umsetzung im Alltag.

Empfehlenswerte Spielmaterialien sind mit diesem Zeichen gekennzeichnet. Hier finden sich Kauftipps für das entsprechende Alter, aber auch viele Hinweise zum Selbermachen.

Kleinkind

1

In den ersten drei Lebensjahren verläuft die Entwicklung des Kindes so rasant wie nie mehr wieder: Beginnend mit dem ersten Schrei, bis zu den ersten Worten und den ersten Schritten erobert das Kind seine Umgebung. Es stellt soziale Beziehungen her, mit dem ersten Lächeln bis zum ersten Gespräch, es wird selbstständiger und bildet allmählich seine Persönlichkeit aus. Dabei entwickelt sich jedes Kind nach seinem eigenen Rhythmus.

Neuere Erkenntnisse zeigen, dass Kinder keineswegs völlig hilflos ins Leben starten, sondern eine ganze Menge Fähigkeiten „mitbringen". Bereits Säuglinge sind beziehungsfähig, d. h. sie setzen sich aktiv mit ihrer Umgebung und ihren Bezugspersonen auseinander. So hilflos das Kind zunächst auch erscheinen mag, es ist nie der passive Partner, dem etwas beizubringen ist, sondern ein „kompetenter Säugling", der seine Entwicklung *mit*gestaltet. Kompetent heißt nicht, dass das Kind sich selbst überlassen werden kann, da es seine Fähigkeiten von ganz allein entfaltet. Es geht vielmehr darum, dass die *Beziehung zwischen Bezugspersonen und Kind* die Grundlage aller Lernfortschritte bildet. Wo sie beeinträchtigt ist, werden auch die kindlichen Lernfortschritte beschnitten. Aber wie kann diese Beziehung optimal gestaltet werden, um Kinder in den ersten drei Lebensjahren optimal zu fördern?

Die Forschung bietet hier Eltern eine ungeheure Entlastung. Denn neuere Ergebnisse der Säuglingsforschung haben gezeigt, dass Eltern über eine „intuitive Didaktik" verfügen – eine Mitgift aus der Evolution. Sie verhalten sich unbewusst „richtig", nämlich an die Lernbedürfnisse und Kompetenzen des Kindes angepasst. Eltern wissen, wann ihr Kind wach und aufnahmebereit ist und Anregungen braucht. Sie schaffen dann die Rahmenbedingungen für den ersten Austausch im Zwiegespräch, schauen das Kind an und „belohnen" Blickkontakt mit ausgeprägtem Lächeln; sie sprechen mit dem Kind und wiederholen seine ersten Lautäußerungen, was das Kind ermutigt, weiter mit Lippen, Zunge und Gaumen zu experimentieren ... Eltern sind von Beginn an „Profis" im Bereich der kognitiven, kommunikativen, motorischen, sprachlichen und sozialen Förderung ihres Kindes. Ihre Aufgabe besteht darin, sich leiten zu lassen von den Signalen des Kindes, sich ansprechen zu lassen von seinem Tun und offen zu sein für den Dialog mit dem Kind – im gemeinsamen Handeln, Spielen und im Sprechen.

Eltern sollten dem Kind in den ersten drei Lebensjahren Geborgenheit und Sicherheit vermitteln. Auf dieser Grundlage kann das Kind – in einer anregenden Umgebung – aktiv lernen: mit allen Sinnen und mit dem ganzen Körper. Gleichzeitig braucht das Kind Freiräume, damit es die Welt auf eigene Faust mit den damit verbundenen Enttäuschungen und Misserfolgen erkunden kann.

1.1 Vom Dada zu den ersten Sätzen

Zur Sprachentwicklung

Jedes Kind wird mit einem eingebauten „Programm zum Sprechenlernen" geboren, gleichgültig ob es in Afrika, China oder Deutschland aufwächst. Letztlich erlernt es jedoch nur die Sprache, die es täglich von seinen Bezugspersonen hört. Zuwendung und ein gutes Sprachvorbild sind für eine gelingende Sprachentwicklung außerordentlich wichtig.

Im ersten Lebensjahr ist das Kind vorwiegend damit beschäftigt, durch Lallen seine Sprechwerkzeuge zu trainieren. Es macht ihm Spaß, Töne und Geräusche aus dem Zusammenspiel von Atem, Zunge und Lippen zu produzieren. Laute wie „dadada" oder „lalala" werden ständig wiederholt, bis sich aus Doppelsilben erste Wörter entwickeln wie „Mama", „Papa" oder „Wauwau". Mit 18 Monaten spricht das Kind ca. 10 Wörter. Es plappert alles nach und ist sehr aufnahmebereit. Allerdings ist die Wortbedeutung noch nicht konsistent. Als „Wauwau" werden in dieser ersten Phase des Spracherwerbs z. B. nicht nur Hunde, sondern alle Tiere mit Fell bezeichnet, aber auch der Wunsch, nach draußen zu gehen. Erst im zweiten Lebensjahr entwickelt das Kind das sogenannte „Symbolbewusstsein", d. h. es begreift, dass jedes Ding einen bestimmten Namen hat. Fordert die Bezugsperson beispielsweise das Kind auf, den Teddy zu suchen, so wird es versuchen, ihn zu finden. Sagt es selbst das Wort „Teddy", so erkennt die Bezugsperson meist an der Mimik oder dem Tonfall, was das Kind ausdrücken möchte.

Zum Ende des zweiten Lebensjahres besteht der aktive Wortschatz aus rund 50 bis 100 Wörtern, der passive Wortschatz ist hingegen doppelt so hoch. Aus den „Einwortsätzen" sind Zwei- bis Dreiwortsätze geworden, z. B. „Max haben Teddy!" Auch wenn die grammatikalischen Formen meist noch nicht stimmen, werden doch schon Alltagsverben wie „essen", „trinken", „schlafen", Adjektive wie „groß", „schön", „heiß" und mitunter auch Artikel, „die Tasse" oder „der Ball", benutzt. Viele Kinder in diesem Alter machen sogenannte „Stammelfehler", d. h. sie verwechseln ‚dr' mit ‚gr' oder ‚bl' mit ‚br', sagen also z. B. „droß" statt „groß" oder „Blot" statt „Brot". Meist sind diese Sprechfehler jedoch entwicklungsbedingt und kein Grund zur Besorgnis.

Im Alter zwischen zwei und drei Jahren erweitert sich der Wortschatz der Kinder in rasantem Tempo. Sie entdecken Regelhaftigkeiten im Wortschatz und versuchen sie anzuwenden – wo es eine „Mamalade" gibt, sollte es doch auch eine „Papalade" geben. Sie ahmen gerne Tiergeräusche nach, stellen erste kurze Fragen wie „Is das?" oder „Heißt du?", führen Selbstgespräche mit ihrer Puppe oder ihrem Teddy, beteiligen sich aber auch schon an Gesprächen. Die meisten Kinder benennen sich mit dem eigenen Vornamen; ein wichtiger Schritt der Sprachentwicklung ist genommen, wenn Kinder in der zweiten Hälfte des dritten Lebensjahres über sich als „Ich" sprechen.

David ist 2,6 Jahre alt. Er spielt gerne mit seinem Spielzeugtelefon, besonders wenn Papa oder Mama mitmachen. David tippt auf die Zahlentastatur, nimmt den Hörer in die Hand und fragt: „Hallo! Hallo?" Papa antwortet: „Ja, hier ist Papa. Wer spricht denn da?" „David!" Papa sagt: „Hallo David! Ist Mama zu Hause?" David schüttelt den Kopf. Er erzählt: „Mama nich da. Auto wegfahrt. Tommt geich wieder." Papa fragt: „Wie geht es dir, David?" David antwortet: „Dut! Wiederhören!" legt den Hörer auf, läuft zum Fenster und ruft: „Da, Tatütata!"

Tipps zur Unterstützung der Sprechfreude und des Spracherwerbs

- Kinder müssen die Sprache erleben, bevor sie sie selbst erlernen. Auch wenn das Kind scheinbar „noch nichts versteht", erfährt es täglich etwas über die Funktion der Sprache in der Kommunikation mit den Bezugspersonen. Daher beim Wickeln, Füttern und Baden des Säuglings die Handlungen mit Worten und ausgeprägter Mimik begleiten.
- Lautfolgen des Kindes imitieren, in seiner Sprache „antworten" – so kann das Kind erste Erfahrungen mit dem Dialog machen.
- „Babysprache" ist nicht kindisch – das Sprechen in einer höheren Stimmlage, mit stark ausgeprägter Betonung, begleitet von Gesten, ist sprachfördernd. Neuere Untersuchungen zeigen, dass Eltern intuitiv wissen, wann das Kind die Unterstützung durch die Babysprache nicht mehr braucht und einfache, kurze Sätze förderlich sind.
- Alltägliche Handlungen mit Worten begleiten, z. B. „Jetzt ziehen wir die Gummistiefel an" und auch begründen: „Wir müssen die Gummistiefel anziehen, weil die Wiese draußen ganz nass ist."
- Reime und Lieder sowie Reime in Verbindung mit Bewegung, wie z. B. Kniereiterspiele, unterstützen das Sprechenlernen und fördern die Merkfähigkeit.
- Das Kind ermutigen und loben, wenn es spricht und z. B. kleine Aufträge erfüllt.
- Spricht das Kind Worte falsch aus, nicht korrigieren und zum richtigen Nachsprechen auffordern – „Sag mal Scho-ko-lade!" – das verunsichert das Kind und es wagt dann vielleicht nicht mehr, sich überhaupt zu äußern. Stattdessen das Wort korrigiert wiederholen und ggf. in den passenden Zusammenhang stellen: „Lade ham!" – „Ja, gleich bekommst du ein Stück Schokolade!"
- Falls Worte wiederholt unverständlich sind, das Kind auffordern, den Gegenstand zu zeigen. Es gibt viele verschiedene Wege, sich verständlich zu machen!
- Gemeinsam Bilderbücher anschauen und über die abgebildeten Gegenstände oder Szenen sprechen.
- Mit dem Kind über vergangene gemeinsame Erlebnisse sprechen.
- Gemeinsam kleine Rollenspiele spielen, z. B. „Einkaufen", „Kochen und Essen", „Telefonieren", „Arztbesuch" oder „Verreisen".

Trostverse, Schlaf- und Wiegenlieder

Dreimal pusten (Text: Autorinnen)

Ab 1 Jahr

Dreimal pusten, Hand auflegen,
drüberstreichen, das bringt Segen.
Klatsch dann einmal in die Hände,
schon hat aller Schmerz ein Ende!

Über die schmerzenden Stellen des Kindes pusten, das Kind streicheln. Beide Hände des Kindes zum Klatschen zusammenführen.

Fräulein Puste

Ab 1 Jahr

Das Fräulein Puste auf ihrem Gang,
geht grad auf deinem Bein entlang.
Sie lacht und singt ganz leise:
„Wie wunderschön ist meine Reise!"
Das Fräulein Puste geht zum Rücken
und oben sagt sie voll Entzücken:
„Nun pust ich drüber, blas dir ins Gesicht
und sage noch einmal das Pustegedicht ..."

Den Vers sprechen und dabei vorsichtig über die einzelnen Körperteile des Kindes pusten.

Seid leise (Paula Dehmel)

Ab 1 Jahr

Seid leise!
Er ist müde von der Reise.
Er kommt von weit her,
vom Himmel übers Meer.
Vom Meer den dunklen Weg ins Land,
bis er die kleine Wiege fand.
Seid leise!

Das Kind auf dem Arm wiegen, dabei den Vers nach einer einfachen Leiermelodie wiederholt singen.

Träumerhase (Text: Autorinnen)

Ab 1 Jahr

Da liegt der (Emil) lieb und nett,
in seinem warmen Kuschelbett.
Da kommt der Träumerhase
mit einer roten Nase.
Hüpft unter (Emils) Decken,
will sich vielleicht verstecken?
Hat einen Traum gebracht
und wünscht dir „Gute Nacht!"

Aus Tonpapier eine Hasen-Fingerpuppe ausschneiden. Zeige- und Mittelfinger hindurchstecken, den Vers sprechen und passend dazu agieren (den Namen des Kindes einsetzen).

Wer hat die schönsten Schäfchen

(Melodie: Johann Friedrich Reichardt, Text: Heinrich Hoffmann von Fallersleben)

2. Er kommt am späten Abend,
   wenn alles schlafen will,
   hervor aus seinem Hause
   am Himmel leis' und still.

3. Dann weidet er die Schäfchen
   auf seiner blauen Flur;
   denn all die weißen Sterne
   sind seine Schäfchen nur.

4. Sie tun sich nichts zuleide,
   hat eins das andre gern,
   und Schwestern sind und Brüder
   da droben Stern an Stern.

5. Und soll ich dir eins bringen,
   so schlafe jetzt schnell ein,
   musst friedlich wie die Schäfchen
   und wie ihr Schäfer sein.

Das Lied jeden Abend vor dem Einschlafen singen. Dabei das Kind am Anfang des Liedes im Takt sanft hin und her wiegen, dann ins Bett legen und das Lied zu Ende singen. Solche Rituale geben dem Kind Sicherheit und Geborgenheit.

Knireiter, Fingerspiele & Co.

Herr Hoppehöpper

Ab 2 Jahren

Herr (Frau) Hoppehöpper
macht 'nen Köpper
von meinem Schoß.
Pass auf, 's geht los!

Das Kind sitzt breitbeinig auf dem Schoß des Erwachsenen und wird an den Händen gehalten. Am Ende des Verses das Kind nach hinten sinken lassen und wieder hochziehen. Beliebig oft wiederholen.

Frau Wolkenkratz

Ab 2 Jahren

Frau (Herr) Wolkenkratz
tut einen Satz,
mit viel Schwung,
den großen Sprung,
auf einem Schimmel,
hooooch in den Himmel!

Die Bezugsperson hält das Kind auf dem Schoß, spricht den Vers und springt dann mit ihm in die Höhe.

Das Tuck-Tuck-Auto

Ab 2 Jahren

(Sprechen):
Alles einsteigen, Türen schließen, anschnallen,
Schlüssel rumdrehen, brumm, brumm!

(Nach einer einfachen Melodie singen):
Das Auto fährt tuck, tuck,
das Auto fährt tuck, tuck.
Das Auto fährt, das Auto fährt,
das Auto fährt tuck, tuck.
Erst langsam wie 'ne Schnecke,
dann saust es um die Ecke.
Das Auto fährt, das Auto fährt,
das Auto fährt tuck, tuck.

Das Kind sitzt auf dem Schoß, der Erwachsene führt die im Text angegebenen Bewegungen aus. Ab „Das Auto fährt ..." die Knie im Rhythmus des Verses auf und ab bewegen, sodass das Kind auf dem Schoß hin und her hüpft. Zum Schluss immer schneller werden.

Kuckuck-Spiel

(Nach der Melodie: Bruder Jakob)

Ab 1 Jahr

Ach du Schreck, (Anne) ist weg!
Wo ist denn die Anne? Wo ist denn die Anne?
Da ist sie! Da ist sie!
Schön, dass wir sie haben! Schön, dass wir sie haben!
Schnell wieder weg, ins Versteck!

Ein Tuch über den Kopf des Kindes legen. Die Bezugsperson oder das Kind selbst ziehen das Tuch wieder weg. Tuch erneut über den Kopf des Kindes legen. Beliebig oft wiederholen.

Frosch und Fliege

Ab 2 Jahren

Sieh mal, (Lisa), sieh mal an,
wie die Fliege fliegen kann,
in die Höh' und rundherum,
kreist sie um den Kopf herum.
Da kommt der Frosch Quak – eins, zwei, drei,
ist's mit der Fliege schon vorbei.

Eine Hand der Bezugsperson bewegt sich als Fliege, die andere Hand öffnet sich als Froschmaul und greift die Fliege.
Ist dem Kind das Fingerspiel bekannt, kann es (als Frosch) selbst versuchen, die Fliege zu fangen.

Tellerflugplatz

Ab 2 Jahren

Kommt ein Flugzeug angeflogen,
fliegt ganz hoch im hohen Bogen,
setzt sich auf den Teller nieder,
kreist dann in die Höhe wieder,
rollt dann auf dem Flugplatz aus
und leert seine Fracht dort aus.

Die Bezugsperson lässt einen Löffel (Flugzeug) über dem Teller kreisen, setzt ihn einmal auf, um ihn mit Essen zu füllen, gleitet über den Tellerrand in die Luft und leert den Löffel im Mund des Kindes.

Herr Zwick und Herr Zwack

Ab 2 Jahren

Herr Zwick und Herr Zwack	*Beide Hände zur Faust ballen, die Daumen*
sind zwei Männlein im Sack.	*umschließen.*
Herr Zwick hat einen Hut, ...	*Den ersten Daumen zeigen (evtl. mit „Fingerhut"),*
Herr Zwack hat einen Kranz, ...	*den zweiten Daumen zeigen*
	(evtl. mit Haargummi als Kranz).
so gehen sie beide zum Tanz.	*Die Daumen berühren sich,*
Sie tanzen und springen, ...	*wackeln hin und her,*
singen und lachen	*auf und nieder.*
und machen gar lustige Sachen.	
Doch dann sind sie müde.	*Beide Daumen auf die Fäuste legen,*
Herr Zwick und Herr Zwack	
schlüpfen zurück in den Sack.	*Fäuste um die Daumen legen.*

Empfehlenswerte Spielmaterialien

- Spielzeug zum Liebhaben, z. B. Teddybär, Stoffpuppe, Stofftier
- Puppenwagen und Zubehör
- Stabiles Auto mit Ladefläche zum Draufsetzen, Schieben und Beladen
- Holzeisenbahn mit mehreren Wagen
- Holzfiguren (Menschen, Tiere, Bäume, Autos) und Holzbausteine
- Gebrauchsgegenstände aus dem Haushalt, z. B. Töpfe, Plastikschüsseln, Schneebesen, Rührlöffel etc.
- Spielzeugtelefon, ausrangiertes Telefon oder Handy
- Einfache Handspielpuppen
- Kleidungsstücke und Requisiten für Rollenspiele, z. B. Hüte, Schuhe, Handtaschen, Kinderkoffer, Spiegel, Tücher, Decken, Kissen
- Große Kartons (Waschmaschine o. Ä.) als Spielhaus, Theater, Versteck
- Elementarbilderbücher, „Riesenbilderbücher", Wimmelbücher

Mein erstes Bilderbuch

Ab 1 Jahr

Das Elementarbilderbuch ist das erste Bilderbuch des Kindes. Es besteht aus abwaschbarem Material, z. B. Stoff, Holz, Kunststoff oder dicker, laminierter Pappe und ist durch eine stabile Bindung für Kinderhände fast unzerreißbar. Die dicken Seiten mit den abgerundeten Ecken und das handliche Format erleichtern dem Kind das Umblättern der Seiten. Bilderbücher sind für Kleinkinder Spielzeuge, die ihre Neugierde wecken.

Auf dem Schoß der Bezugsperson oder bäuchlings auf dem Fußboden können in angenehmer Atmosphäre die Bilder betrachtet werden. Die Bezugsperson nennt den Namen des abgebildeten Gegenstandes und das Kind wiederholt ihn. Fragt sie z. B.: „Wer oder was ist das?", versucht das Kind, die Frage zu beantworten. Auf die Frage: „Wo ist das?" zeigt das Kind auf den Gegenstand oder holt ihn aus der Spielzeugkiste. Durch dieses selbstständige Handeln prägt sich der Begriff besser ein und der aktive Wortschatz wird erweitert.

Wimmelbücher

Ab 2 Jahren

Mit zwei Jahren ist das Kind in der Lage, dargestellte Dinge und Szenen in einen Zusammenhang zu bringen und sie als Einheit zu erfassen. Szenenbilderbücher oder Wimmelbücher bilden alltägliche Situationen und Geschehnisse aus dem Leben und der Umwelt ab, z. B. auf der Straße, beim Einkaufen oder auf dem Spielplatz. Die Szenen erzählen kleine Geschichten, meist ohne Text.
In angenehmer Atmosphäre werden gemeinsam die Bilder betrachtet. Fragt die Bezugsperson z. B.: „Ich sehe was, was du nicht siehst und das ist ein Kind auf einem Dreirad!", so ist das Kind aufgefordert, dieses Detail auf dem Wimmelbild zu entdecken.
Auf jeder einzelnen Seite sind szenische Details zu entdecken, die gemeinsam beschrieben werden können: „Was passiert denn da unter dem Sonnenschirm am See?"

Teddybär (vom Erwachsenen für das Kind)

Ab 1 Jahr

***Material:** 35 cm kleingemusterter Baumwollstoff (90 cm breit), etwas weißer Baumwollstoff für das Gesicht, 1 Beutel Zauberwatte, dunkles Stickgarn, 1 schwarzer Druckknopf für die Nase, etwas rotes Schleifenband*

Herstellung: Den Schemaschnitt vergrößern (1 Quadrat = 2 x 2 cm). Aus dem Bärenkopf das Gesichtsteil noch mal extra kopieren. Den Bären mit 1 cm Nahtzugabe zuschneiden, Kopfteil zwei Mal, Gesichtsteil zwei Mal, Vorderteil zwei Mal mit Mittelnaht, Rückenteil einmal im Stoffbruch. Das Gesichtsteil verstürzen und das Gesicht aufsticken. Den Druckknopf als Nase aufnähen. Das fertige Gesichtsteil auf ein Kopfteil aufsteppen, anschließend beide Kopfteile verstürzen. Etwas Watte in die Ohren schieben und an der gestrichelten Linie im Schemaschnitt durchsteppen. Für den Leib zuerst die Mittelnaht im Vorderteil schließen, anschließend Vorder- und Rückenteil verstürzt zusammennähen. Watte in die Arm- und Beinteile schieben und an den gestrichelten Linien im Schemaschnitt zunähen. Jetzt werden auch der Leib und der Kopf mit Watte ausgefüllt. Zum Schluss die untere Nahtzugabe am Kopfteil nach innen einschlagen und mit kleinen Handstichen annähen. Um die Ansatznaht ein rotes Schleifenband binden.

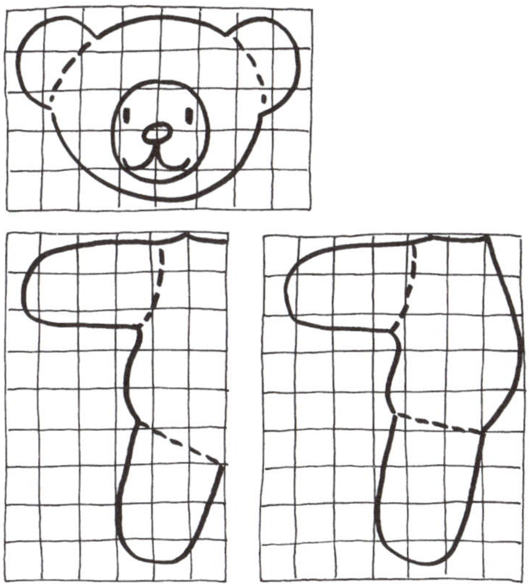

Sockenhund (vom Erwachsenen für das Kind)

Ab 2 Jahren

***Material:** 1 alter Socken, 2 Wackelaugen, 1 Holzperle, 4 Wäscheklammern, Tonkarton, Schere, Nadel, Faden, Klebstoff*

Herstellung: Aus dem Tonkarton Maul, Zunge, Zähne und vier Ohren ausschneiden. Die Ohren zu Paaren so aufeinanderkleben, dass der untere, breite Teil offen bleibt. Die Ohren mit zwei Wäscheklammern zusammenhalten, bis der Klebstoff getrocknet ist. Die Zunge mit dem kleineren Teil des Mauls auf die Ferse des Sockens kleben und im Abstand von einem halben Zentimeter den größeren Teil mit den Zähnen auf den Rest des Sockens kleben. Die Ohren an die richtige Stelle kleben und mit vier Wäscheklammern auf beiden Seiten befestigen, bis der Klebstoff getrocknet ist. Die Holzperle als Nase annähen und die Wackelaugen aufkleben.

1.2 Die Umgebung verstehen lernen

Zur kognitiven Entwicklung

Ab dem vierten Monat können Kinder Gegenstände mit den Händen greifen. Der Tastsinn ist das Mittel der Wahl, um die Welt kennenzulernen. Das Kind probiert aus, was man mit dem Spielzeug, z. B. der Rassel, machen kann: danach greifen, in den Mund nehmen, wegwerfen. Im Spiel entdeckt es, dass es Spielzeug, das außerhalb seiner Reichweite liegt, auch mit Hilfe eines anderen Gegenstandes zu sich heranholen kann. Es zieht z. B. an einer Schnur oder nimmt einen Stock zu Hilfe, um die Spielzeugente zu sich zu holen. Das Kind erkennt hierbei erste Zusammenhänge zwischen sich, dem gewünschten Spielzeug und der Schnur oder dem Stock, die ihm als „Werkzeug" dienen („Werkzeugdenken").

Im zweiten Lebensjahr kann das Kind schon über Dinge nachdenken, die es im Moment nicht wahrnehmen kann. Es bemerkt und versteht, dass bestimmte Ziele nur durch Umwege zu erreichen sind. So schiebt es z. B. einen Stuhl vor den Schrank, um Süßigkeiten zu holen.

Die Aufmerksamkeit des Kindes wechselt noch sehr rasch, ist aber für kurze Zeit sehr intensiv. Ablenkungen können hingegen dazu führen, dass bereits begonnene Handlungen nicht zu Ende geführt werden. Es bereitet dem Kind keine Schwierigkeiten mehr, Gegenstände beim Namen zu nennen; es kann sich in vertrauter Umgebung mühelos orientieren und erkennt seine Straße und die Wohnung wieder. Neben dem Tastsinn tritt jetzt die visuelle Orientierung in den Vordergrund. Bis zum Ende des zweiten Lebensjahres kann das Kind bereits neun Farben unterscheiden, aber nicht immer richtig bezeichnen. Gegenstände können nach Größe, Farbe und Form unterschieden und sortiert werden. So kann es verschiedene Formen in die entsprechenden Öffnungen stecken und mehrere Puzzleteile zu einem Ganzen zusammenfügen. Es kann auch schon drei bis fünf Dinge zählen.

Durch Fragen wie „Is das?" oder „Warum?" fragt das Kind nach Zusammenhängen. Da der Erfahrungsschatz im Alter zwischen zwei und drei Jahren noch sehr begrenzt ist, versucht es Vorgänge, die es nicht versteht, in bereits bekannte Zusammenhänge zu bringen. Dabei ist sein Denken sehr „Ich"-bezogen

> Neulich hat Julius (2;6 Jahre) beobachtet, wie seine Oma in ihrem Garten arbeitete, und das musste er natürlich auch gleich ausprobieren. Julius hat mit Vorliebe nicht nur Unkraut, sondern hin und wieder auch kleine Gemüsepflanzen ausgerissen und alles bis zur Überschwemmung gegossen. Außerdem hat er sich nach Herzenslust so richtig eingematscht.
>
> Julius Eltern überlegen nun, da sie keinen Garten zum Experimentieren haben, ihrem Sohn einen eigenen Blumenkasten auf die Fensterbank zu stellen. Dann hat er die Möglichkeit, sich einen kleinen „Kräutergarten" anzulegen, ihn zu pflegen und zu beobachten, wie schnell alles wächst!

(Egozentrismus). Es nimmt an, dass die Dinge aus seiner Umwelt die gleichen Eigenschaften und Fähigkeiten haben wie es selbst. So ist der Tisch, an dem sich das Kind gestoßen hat, ein „doofer Tisch" – seiner Meinung nach hat er ihm absichtlich wehgetan. Andererseits versucht das Kind, den Ursachen der Dinge auf den Grund zu gehen und findet mit Hilfe des „magischen Denkens" eigene Erklärungen. So wird z. B. der Donner damit erklärt, dass „im Himmel einer sitzt, der Krach macht oder auf eine Trommel schlägt".

Tipps zur Unterstützung von Wahrnehmung und Denken

- Greifen führt zum Be-greifen! Das Kind sollte viele Möglichkeiten haben, unterschiedlichste Materialerfahrungen zu sammeln. Eigenschaften wie rau, glatt, hart, weich usw. lernt das Kind nur durch das Hantieren mit Gegenständen.
- Sehen führt zur Einsicht! Die meisten Sinneseindrücke aus der Umwelt erhalten Kinder über das Sehen – sie sind einer Vielzahl von optischen Reizen ausgesetzt. Wichtig ist, den Kindern Zeit zum Hinschauen zu geben, zum Beobachten und zum Betrachten von Details. Das fördert die Konzentrationsfähigkeit und hilft ihnen, Zusammenhänge zu erkennen.
  - im Freien: Maschinen auf einer Baustelle beobachten, Enten auf einem Teich, einen Traktor, der das Feld pflügt, usw.
  - in der Wohnung: die Eltern bei häuslichen Tätigkeiten beobachten, das Vogelhäuschen an der Fensterscheibe, Spielzeuge auf Rädern, Papierflugzeuge o. Ä.
- Handeln – Sprechen – Verstehen! Bei gemeinsamen Aktionen mit dem Kind, z. B. in der Küche, über die Benutzung bzw. Handhabung von Alltagsgegenständen sprechen. Zum Beispiel: Wir wollen Sahne für den Kuchen schlagen. Welches Gerät brauchen wir dazu? (Rührgerät) Wie wird es benutzt? („Wir stecken die beiden Rührstäbe ein, dann den Stecker in die Steckdose und dann schalten wir das Gerät ein.") Welche Gefahren bzw. Sicherheitsvorkehrungen müssen beachtet werden? („Du darfst nicht die Finger zwischen die Rührstäbe stecken!")
- Geschichten erzählen und gemeinsam Bilderbücher betrachten: Kann sich das Kind mit der Hauptfigur identifizieren, fällt es ihm leichter, einfache Handlungsfolgen zu verstehen und nachzuerzählen (Zuerst ... und dann ... und am Schluss ...). Das fördert die Konzentrationsfähigkeit und die Gedächtnisleistung.
- Zählen und Ordnen: Knöpfe, Büroklammern, Zapfen, Wäscheklammern etc. in kleinen Schatzkästchen sammeln. Die Gegenstände können gezählt, sortiert oder geordnet werden.
- Besondere Erlebnisse initiieren, z. B. eine Fahrradtour, ein Picknick, Zoobesuch, Besuch auf einem Bauernhof.
- Alltägliche und besondere Ereignisse fotografieren: Beim nachträglichen Betrachten der Fotos werden die Erinnerungen aufgefrischt und evtl. neue Aktivitäten angeregt.

Sieh dich mal um! Such- und Wahrnehmungsspiele

Was fehlt?

Ab 2 Jahren

Drei vertraute Gegenstände auf den Tisch legen, einen davon vor den Augen des Kindes wegnehmen und fragen, welches fehlt. Die Anzahl der Gegenstände kann bis auf sechs gesteigert werden.

Was hat sich verändert?

Ab 2 Jahren

Drei bis vier vertraute Gegenstände auf ein Tuch auf den Boden legen. Das Kind dreht sich für einen Moment um. In der Zeit wird die Lage von zwei Gegenständen vertauscht oder ein Gegenstand durch einen anderen ersetzt. Das Kind muss nun erraten, was sich verändert hat.

Tastspiel

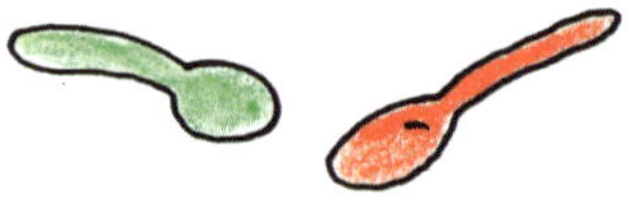

Ab 2 Jahren

In einen Beutel zwei verschiedene Spielzeuge, Haushaltsgegenstände oder Früchte stecken und das Kind auffordern, z. B. den Bauklotz, den Löffel oder die Banane herauszuholen. Im Laufe der Zeit können bis zu vier Gegenstände ertastet werden.

Taströhre

Ab 2 Jahren

In eine ca. 40 cm lange Architektenrolle wird ein Stofftier oder anderes Spielzeug gesteckt. Das Kind greift mit der Hand in die Rolle und versucht, das Spielzeug zu erraten.

Sieh dich mal um (Melodie: Der Plumpsack geht rum, überliefert / Text: Autorinnen)

Ab 2 Jahren

Sieh dich mal um,
der Zaub'rer geht rum.
Hat im Zimmer heute Nacht,
alles anders hier gemacht.
Sieh dich mal um,
der Zaub'rer geht rum.

Das Kind geht aus dem Zimmer. Unterdessen verändert der Erwachsene etwas, was sehr leicht zu entdecken ist, z. B. einen bunten Ball ins Kinderbett legen, den Stuhl auf den Tisch stellen oder den Teddy auf den Schrank setzen. Wenn das Kind in den Raum zurückkehrt, das Lied singen und das Kind raten lassen, was sich verändert hat.

Wo ist die Entenmama?

Ab 2 Jahren

Auf einem großen Blatt Papier (DIN A2) wird in eine Ecke eine kleine Spielzeugente platziert. Mit einem Stift eine kurvenreiche Linie vom Entenkind in die gegenüberliegende Ecke ziehen. Da sitzt nun die Entenmama. Das Kind auffordern, das Entenkind auf dem vorgezeichneten „Fluss" zu seiner Entenmama zu führen.

Weitere Spielideen:
- Der Hund läuft zu seinem Besitzer ...
- Das Kind radelt zu seiner Oma ...
- Das Schiff fährt in den Hafen ...
- Das Auto fährt nach Hause in die Garage ...

Kaufladenspiel

Ab 2 Jahren

***Material:** leere Verpackungen (z. B. Flaschen, Schachteln, Dosen, Schraubgläser, Obstnetze) und mit Naturmaterialien (z. B. Steinen, Kastanien, Trockennudeln) gefüllte Verpackungen*

Zunächst spielt der Erwachsene den Käufer, das Kind den Verkäufer. Später können die Rollen gewechselt werden. Der Käufer bittet den Verkäufer um bestimmte Produkte, die sich durch ihre Größe oder ihr Gewicht unterscheiden. So kauft er z. B. „ein kleines Glas Marmelade" oder „eine große Flasche Saft". Auf diese Weise lernt das Kind spielerisch Adjektive und Gegensatzpaare wie groß – klein, leicht – schwer, kurz – lang. Beherrscht das Kind die Begriffe sicher, kann man zu schwierigeren Beschreibungen übergehen, z. B. „Ich möchte die schwerste Saftflasche!"

Blumentopf-Garten

Ab 2 Jahren

Mit Erde und Pflanzen umzugehen, unterschiedliches Wetter zu erleben, die Freude beim gemeinsamen Ernten und Essen – dies alles wirkt sich positiv auf die kindliche Entwicklung aus und trägt schon früh dazu bei, die Namen einiger Pflanzen kennenzulernen, aber auch Verantwortungsbewusstsein für die Natur zu entwickeln.
Nicht jeder hat einen eigenen Garten, doch auch auf dem Balkon können Kinder bestimmte Gemüsesorten in ihre eigenen Kästen oder Töpfe aussäen oder pflanzen. Im Vordergrund steht dabei nicht die Eigenversorgung, sondern das Experimentieren des Kindes.

Tipp: Da das Wachsen von Pflanzen häufig ein längerer Prozess ist und zwei- bis dreijährige Kind noch keine längeren Zeiträume abwarten und erfassen können, sollten bevorzugt schnell keimende und schnell wachsende, einjährige Pflanzen zum Einsatz kommen, z. B. Kresse, Radieschen (Sorte: Cherry Belle), Erbsen (Sorte: Wunder von Kelvedon), Kapuzinerkresse.

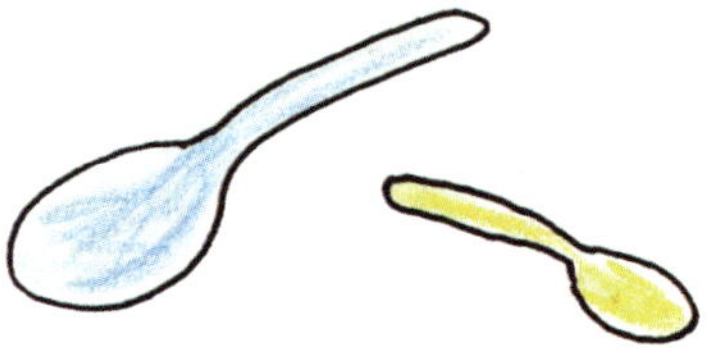

Was ist gerade, was ist schief?

Das ist gerade, das ist schief (Text und Melodie überliefert)

Ab 2 Jahren

Das ist gerade, das ist schief, ... *Gerade stehen, Arme seitlich ausstrecken, schief stehen,*
das ist hoch und das ist tief, ... *Arme hoch, in die Hocke gehen,*
das ist dunkel, das ist hell, ... *Hände vor die Augen, Hände wegnehmen,*
das ist langsam, das ist schnell. .... *langsame und schnelle Schritte auf der Stelle.*

Das ist groß und das ist klein, ... *Arme ausbreiten, Zeigefinger eng zusammenführen,*
das ist dein und das ist mein, ... *auf den Spielpartner zeigen, dann auf sich selbst,*
das ist eckig, das ist rund, ... *Finger zum Dach, Daumen und Zeigefinger zum Kreis formen,*
das die Nase und der Mund. .... *auf die Nase und den Mund zeigen.*

Das ist laut und das ist leis', ... *Laut und leise singen,*
Eis ist kalt und Feuer heiß,
das ist hart und das ist weich, ... *auf den Boden klopfen, auf den Bauch drücken,*
du gehst weg, ich komme gleich.. .... *der Spielpartner geht zurück, das Kind geht vor.*

Kind und Bezugsperson singen das Lied und führen dazu die passenden Bewegungen aus. So lernt das Kind gegensätzliche Begriffe kennen.

Empfehlenswerte Spielmaterialien

Grundausstattung
- Steckspiele
- Puzzle (4 bis 6 Teile)
- Bilder-Lotto und Bilder-Domino
- Memory-Spiele
- Holzbaukasten mit Schrauben und Muttern
- Holzeisenbahn
- Fotobilderbuch

Steckspiel (Kind und Erwachsener)

Ab 2 Jahren

***Material:* leere Dosen mit Kunststoffdeckel, Cuttermesser, buntes Papier, Klebstoff, Holzbausteine**

Herstellung: In den Kunststoffdeckel mit einem Cuttermesser jeweils ein kleines kreisförmiges, viereckiges oder dreieckiges Loch schneiden. Anschließend die Dosen mit buntem Papier bekleben.

Das Kind kann ausprobieren, welche seiner Holzbausteine, Bälle oder anderen Spielmaterialien durch die unterschiedlichen Öffnungen passen.

Einfaches Puzzle

(vom Erwachsenen für das Kind)

Ab 2 Jahren

***Material:* feste Pappe oder Fotokarton (Größe DIN-A4), Schere, Buntstifte oder Abbildungen aus Zeitschriften, Klebstoff, selbstklebende Transparentfolie oder Laminiergerät und -folie**

Auf eine Grundplatte aus Fotokarton ein Bildmotiv (z. B. ein Haus, ein Tier oder ein Auto) aufmalen oder ein Foto in der entsprechenden Größe aus einer Zeitschrift ausschneiden und aufkleben. Anschließend mit Transparentfolie überziehen oder einlaminieren und in vier bis sechs Teile zerschneiden.

Empfehlenswerte Spielmaterialien

Bilder-Lotto

(vom Erwachsenen für das Kind)

Ab 3 Jahren

***Material:* feste Pappe oder Fotokarton, Schere, Buntstifte oder Abbildungen aus Zeitschriften, Klebstoff, selbstklebende Transparentfolie oder Laminiergerät und -folie**

Herstellung: Aus dem Karton vier Karten in DIN-A4-Größe ausschneiden und (mit Filzstift) in acht gleichgroße Segmente teilen. Diese mit einfachen Bildmotiven (z. B. Obst, Spielzeug, Tiere, Fahrzeuge) bemalen oder bekleben. Jedes Motiv muss zweimal vorhanden sein, sodass jeweils zwei Karten mit identischen Motiven entstehen: zwei von ihnen dienen als Grundkarten, zwei werden in acht Einzelteile zerschnitten, die Legekarten. Alle Karten können mit Transparentfolie überzogen werden.

Kind und Bezugsperson erhalten je eine Grundkarte, die Legekarten liegen gemischt in der Mitte auf einem Stapel. Der Erwachsene deckt die oberste Karte auf und fragt: „Wer hat das Polizeiauto?" Der Spieler, der die Abbildung auf seiner Grundkarte entdeckt, bekommt diese Legekarte, legt sie auf seiner Grundkarte ab und darf dann eine neue Karte vom Stapel aufdecken. Das Spiel endet, wenn jeder seine Grundkarte mit Einzelkarten belegt hat.

Bilder-Domino

(vom Erwachsenen für das Kind)

Ab 2 Jahren

***Material:* Tonkarton, Abbildungen aus Zeitschriften (Clip-Arts, Bilder aus dem PC), Klebstoff, Laminiergerät und -folie oder selbstklebende Transparentfolie, Klettband.**

Herstellung: Aus dem Tonkarton werden zehn Dominokarten geschnitten, Größe 12 x 6 cm. Jede Karte in der Länge teilen, sodass sich zwei übertragene Motive gegenüberstehen. Für eine längere Verwendung ist ein Folienüberzug der Dominokarten zu empfehlen. Um ein Verrutschen der Karten während des Spiels zu verhindern, wird auf der Rückseite der Karten Klettband aufgeklebt. So kann das Bilder-Domino auch von Kleinkindern gut auf dem Teppichboden gespielt werden.

Alle Karten gleichmäßig mischen und verteilen. Der erste Spieler legt eine Karte in die Mitte und der andere versucht, mit seiner passenden Karte daran anzulegen. Wenn alle Domino-Karten ausgelegt wurden, kann das Kind mit seinem Spielauto darüber fahren.

Fotobilderbuch

(vom Erwachsenen für das Kind)

Herstellung: Fotos von der Familie, von Freunden, Haustieren und Dingen, die das Kind in seinem Alltag umgeben, zu einem Bilderbuch zusammenstellen. Zur besseren Haltbarkeit die Fotos einlaminieren, seitlich lochen und mit zwei Metallringen versehen.

Foto-Memory

(vom Erwachsenen für das Kind)

Ab 2 Jahren

***Material:* fester weißer Karton, Fotos, Schere, selbstklebende Transparentfolie oder Laminiergerät und -folien**

Herstellung: Aus dem Karton 12 Einzelkarten im Format 7 x 7 cm schneiden und mit Fotos aus dem Alltag des Kindes bekleben, wobei je zwei Karten übereinstimmen müssen. Alle Kartenpaare werden zum Schluss mit selbstklebender Transparentfolie überzogen oder laminiert.

Die Karten bzw. Fotos mit verdeckter Bildseite auf dem Tisch ausbreiten. Kind und Bezugsperson decken abwechselnd zwei Karten auf und sehen, ob sie zusammenpassen. Hat ein Spieler ein übereinstimmendes Paar gefunden, kann er es ablegen und zwei weitere Karten aufdecken. Passen zwei Karten nicht zusammen, legt er die Karten zurück und der Mitspieler ist an der Reihe.

Messlatte mit Fotos

(vom Erwachsenen für das Kind)

Ab 2 Jahren

***Material:* Holzleiste 120 x 10 x 1 cm, Lackfarbe nach Wunsch, Permanentstift, Fotos, Powerstrips**

Die Holzleiste in der gewünschten Farbe anstreichen und mit dem Permanentstift eine Skalierung vornehmen, z. B. von 60 cm bis 150 cm. Die Leiste mit extra starken Powerstrips in der entsprechenden Höhe an der Wand befestigen. Die Größe des Kindes mit einem geraden Querstrich und Datum auf der Leiste markieren und ein passendes Foto dazu heften (mit Powerstrips, die sich später wieder mühelos entfernen lassen). Kinder freuen sich über jeden Zentimeter, den sie gewachsen sind. An der Messlatte können sie selbst ihre Größe ablesen.

1.3 Spielen und Toben

Zur motorischen Entwicklung

Ähnlich wie bei der Sprachentwicklung steuert ein genetisches Programm die motorische Entwicklung, das sich aber nur entfalten kann, wenn das Kind Anregungen aus seiner Umwelt und von seinen Bezugspersonen erhält. Die wichtigsten motorischen Funktionen, die das Kind bis zum Ende des Säuglingsalters erlernt, sind das gezielte Greifen, die aufrechte Haltung und die selbstständige Fortbewegung.
Am Ende des ersten Lebensjahres beginnt das Kind, sich an Möbelstücken hochzuziehen und kann auch schon einige Augenblicke im Stand verharren. Die aufrechte Haltung ist eine wichtige Voraussetzung für das Laufenlernen. An der sicheren Hand der Bezugsperson versucht das Kind die ersten Schritte zu gehen, indem es einen Fuß vor den anderen setzt. Ermutigt durch Lob und Anerkennung, macht das Kind dann bald die ersten selbstständigen Schritte. Auf diese Leistung ist es sehr stolz. Das Kind „läuft" – recht hastig und ohne anhalten zu können – in die Arme des Erwachsenen, der es auffängt, oder bis es gegen ein Möbelstück stößt. Um das Gleichgewicht zu halten, breitet es seine Arme seitlich aus. Obwohl es manchmal hinfällt, steht es aus dem Vierfüßlerstand immer wieder auf und probiert unermüdlich das „Alleinegehen".
Im Laufe des zweiten Lebensjahres stabilisiert sich das Gleichgewichtsgefühl und die Gehbewegungen werden immer sicherer. Das Bewegungsrepertoire erweitert sich, das Kind probiert neue Bewegungsformen aus: über kleine Hindernisse springen, unter Hindernissen hindurchkriechen, über Bordsteinkanten balancieren. Treppen steigt es im Nachstellschritt hinauf und hinunter.
Im dritten Lebensjahr werden die Bewegungen komplexer: das Kind kann mit geschlossenen Beinen mindestens 20 cm weit hüpfen, es springt auf die gleiche Weise aus einer Höhe von etwa 20 cm und probiert, auf einem Bein zu stehen. Treppen bewältigt das Kind nun im Wechselschritt, genau wie die Erwachsenen. Es schaukelt, wippt, wirft den Ball auf ein Ziel und fährt Dreirad. Häufig muss es sich dabei anstrengen oder auch seine Ängste überwinden, aber der Erfolg und die Bestärkung durch die Bezugsperson geben ihm Sicherheit und stärken sein Selbstbewusstsein.

„Hallo Mama", ruft Jonas (2 Jahre), „guck mal!" Er ist sichtlich stolz darauf, dass er es geschafft hat, ganz allein den kleinen Zaun zu überwinden. Auch die Mutter ist begeistert. Jonas lacht: „Noch mal!" Diesmal versucht er, über die obere Zaunlatte zu klettern. Aber sein Gummistiefel bleibt hängen. Im letzten Moment kann ihn seine Mutter auffangen. Er wirkt etwas erschrocken und sie fragt besorgt: „Hast du dir wehgetan?" „Nich schlimm!" Mutig versucht er es noch einmal. Diesmal bleibt seine Mutter aber direkt neben ihm stehen und gibt ihm Hilfestellung. Freudig springt er von der oberen Zaunlatte in ihre Arme. Geschafft!

Auch die feinmotorischen Bewegungen des Kindes werden gezielter. So schraubt es mit Vorliebe Spielzeug oder Deckel von Behältern auf. Es klopft Nägel in weiches Holz und versucht bereits, mit der Schere zu schneiden. Im Spiel baut es Türme aus mehreren Klötzen, fädelt dicke Perlen auf und steckt komplizierte Formen in die passenden Öffnungen.
Es kann sich selbst an- und ausziehen. Bei großen Knöpfen und Schuhschnallen gelingt ihm das Auf- und Zumachen, bei komplizierten Verschlüssen braucht es jedoch die Hilfe des Erwachsenen.

Das Kind isst selbstständig, übt dabei aber noch den Umgang mit Messer und Gabel. Es kann sich die Hände waschen, abtrocknen und sich kämmen. Im Haushalt übernimmt das Kind gerne kleine Aufgaben. Es hilft beim Aufräumen und Abtrocknen. Ein kleines Tablett mit einigen Geschirrteilen trägt es sicher. Dieses selbstständige Tun des Kindes ist für den Erwachsenen sehr häufig keine Arbeitserleichterung. Er muss Geduld und Zeit aufbringen und das Kind ermutigen, um so sein Selbstvertrauen zu stärken.

Tipps zur Unterstützung der Bewegungsfreude

- Unterschiedliche Bewegungsräume erobern: Kinder haben ein unbändiges Bewegungsbedürfnis und brauchen Raum, um es auszuleben, z. B. auf dem Spielplatz, im Park oder im Wald. Je mehr Möglichkeiten das Kind hat, ausgelassen zu rennen, zu klettern und zu toben, desto zufriedener und ausgeglichener wird es sein.
- Spaziergänge in der Natur zu „Entdecker-Touren" machen: Tägliche Bewegung im Freien fördert die Bewegungsfreude, dabei kann man den Spaziergang durch Suchaufgaben oder Versteck-Spiele spannend und interessant gestalten. Naturmaterialien werden in einem selbst gestalteten Beutel gesammelt und zu Hause ins Spiel einbezogen.
- Die Wohnung in eine Bewegungslandschaft verwandeln: Wenn das Wetter schlecht ist, kann auch in der eigenen Wohnung Platz für Bewegungsspiele geschaffen werden. Aus Tischen, Stühlen, Kissen, Decken und Tüchern einen Parcours zum Klettern, Krabbeln, Hüpfen und Springen bauen.
- Vielfältige Bewegungsformen anbieten: Ob Turnen, Schwimmen oder Rhythmik – es gibt vielfältige Angebote von „Mutter/Vater-Kind-Gruppen", in denen bereits Kleinkinder erste Bewegungserfahrungen in der Gruppe sammeln können.

Pfiffige Bewegungsspiele

Rund um den Ball

Ab 2 Jahren

Unterschiedliche Bälle rollen, werfen, kicken fangen oder verstecken.

Kegelspiele

Ab 2 Jahren

Dosen, Plastikflaschen (evtl. mit Wasser oder Sand gefüllt), Kartons, Plastikkegel aufstellen. Einen Ball rollen oder werfen und die Kegel umstoßen.

Kugelspiele

Ab 2 Jahren

Kleine Bälle oder Kugeln durch breite Kunststoffrohre, Architektenrollen oder Drainageschläuche rollen lassen.

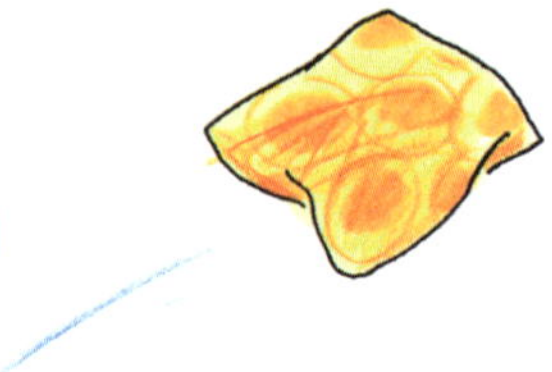

Sand-Murmelbahn

Ab 2 Jahren

Aus nassem Sand formt das Kind einen hohen Berg und legt mit Hilfe der Bezugsperson eine Muldenbahn an. Sie führt spiralförmig den Berg hinab. Ein kleiner, fester Ball oder eine Murmel rollen dann um den Berg herum ins Ziel.

Kastanienbad

Ab 2 Jahren

Die im Herbst gesammelten Kastanien werden in eine Kinderbadewanne gefüllt. Das Kind kann unbekleidet darin sitzen, wühlen, waten, die Kastanien über den Körper rollen lassen.

Achtung: Die Kastanien trocken lagern, sonst bildet sich Schimmel!

Kissenspiele

Ab 2 Jahren

- Kissen werfen und fangen.
- Mit einem Kissen einen Gegenstand abwerfen, z. B. Karton, Turm, Ball, Stofftier.
- Mit dem Kissen eine Ziellinie treffen.
- Mehrere Kissen auf dem Boden verteilen, darüberbalancieren oder von einem Kissen zum anderen hüpfen, ohne den Fußboden zu berühren.

Vorsicht! Rutschgefahr! Die Kissenbahn nur auf Teppichboden bauen!

Luftballonkissen

Ab 2 Jahren

Aufgeblasene Luftballons in eine leere Kissenhülle stecken und die Hülle schließen. So entsteht ein „Luftballonbett", das nicht nur das Gewicht eines Kindes trägt, sondern auch das eines Erwachsenen.

Spielspaß in der Badewanne

Ab 2 Jahren

Bei einer Badewassertemperatur zwischen 30° und 32° C mit der Handbrause „Springbrunnen" spielen, Wasser in Plastikbecher füllen und ausgießen, „Schaumschlagen", „Planschen"; Spielzeugschiffe und -wassertiere erleben eine „Sturmflut".

Auf der Rutschbahn

Ab 2 Jahren

Schrittweise wird das Kind an die Rutsche herangeführt: auf dem Schoß der Bezugsperson herunterrutschen; das Kind auf die Mitte der Rutschbahn setzen und unten auffangen; das Kind rutscht mit seinem Teddy; das Kind rutscht in unterschiedlichen Körperlagen herunter und wird unten aufgefangen.

Katzenschwanz-Fangen

Ab 2 Jahren

Der Erwachsene befestigt eine ca. zwei Meter lange Schnur am hinteren Teil seiner Hose. Durch den Raum gehen und dabei die Schnur ruckartig hin und her bewegen. Das Kind versucht, auf das Ende der Schnur zu treten. Gelingt es, findet ein Rollentausch statt (wobei der Erwachsene ungeschickt vorgehen sollte, um dem Kind ein Erfolgserlebnis zu ermöglichen).

Wer kommt in meine Arme?

Ab 1 Jahr

Die Bezugsperson breitet die Arme aus und ruft: „Wer kommt in meine Arme?" Das Kind läuft auf sie zu, wird hochgenommen und gedreht. Ebenso kann es von einer kleinen Mauer in die Arme springen.

Hopp, hopp, hopp, Pferdchen läuft Galopp

Ab 2 Jahren

Das Kind legt das selbst hergestellte Pferdegeschirr an (Anleitung siehe Seite 33), der Erwachsene hält die Zügel und beide galoppieren durch die Wohnung.

Deckenrikscha

Ab 1 Jahr

Das Kind setzt sich auf eine Decke. Der Erwachsene greift zwei Deckenzipfel hinter seinem Rücken und zieht das Kind wie in einer Rikscha hinter sich her.

Reime und Lieder in Bewegung

Kommt ein Vogel geflogen (Text: Autorinnen, Melodie: überliefert)

Ab 2 Jahren

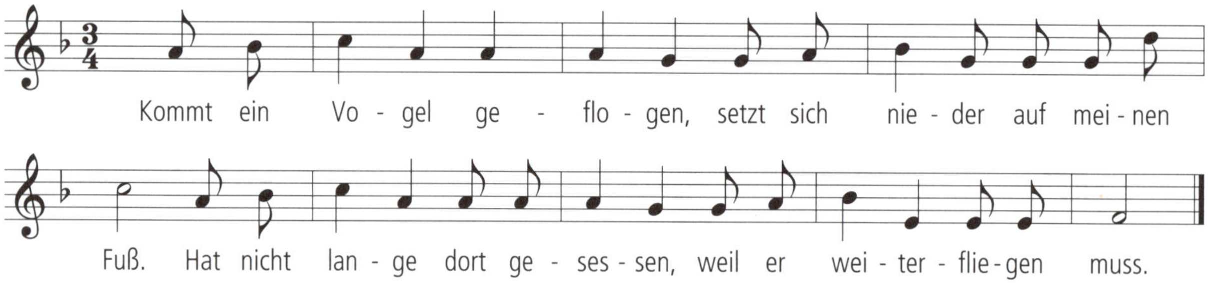

Der Erwachsene setzt sich mit übereinandergeschlagenen Beinen auf einen Stuhl und singt. Das Kind ahmt die Bewegungen eines fliegenden Vogels nach und setzt sich auf den Fuß des Erwachsenen. Dort verweilt es einen Moment und „fliegt" dann weiter. Das Spiel kann beliebig oft wiederholt werden.

Das Lied vom dicken Zeh (Text: Autorinnen, Melodie: überliefert)

Ab 2 Jahren

2. Und so macht das Händchen, ...
3. Und so macht der Popo, ...

Bezugsperson und Kind singen gemeinsam. Der Refrain kann klatschend begleitet werden. Zu den einzelnen Strophen werden die entsprechenden Körperteile rhythmisch bewegt. Das Bewegungslied kann durch selbst erdachte Strophen erweitert werden.

Ein kleiner grauer Esel (Text und Melodie überliefert)

Ab 2 Jahren

Kind und Bezugsperson krabbeln gemeinsam als kleine Esel durch den Raum.

Herr Links und Frau Rechts

Ab 2 Jahren

Herr Links und Frau Rechts,	*Erst das linke, dann das rechte Bein anheben*
die taten nichts Schlecht's.	*und schütteln.*
Auf zum Tanze, Herr Links,	*Das linke Bein anwinkeln und strecken,*
mit Frau Rechts gestern ging's.	*mit dem rechten ebenso.*
Erst tanzen sie so,	*Mit beiden Beinen strampeln,*
dann kreuzten sie, oh!	*Beine kreuzen,*
Und warfen so froh,	*mit beiden Beinen Rad fahren,*
beide Beine zum Po.	*beide Beine auf den Po fallen lassen.*

Kind und Erwachsener liegen mit dem Rücken auf dem Boden. Die Bezugsperson spricht den Vers und macht die Bewegungen passend zum Text vor. Das Kind macht sie nach.

Windrad (Text: Autorinnen)

Ab 2 Jahren

Wir zählen bis zehn,
das Windrad bleibt steh'n.
Wir zählen bis hundert,
das Windrad dreht runter.
Wir zählen bis tausend,
das Windrad muss sausen.

Bezugsperson und Kind fassen sich an den Händen und gehen in Kreisrichtung singend zu einer Leiermelodie. Bei „steh'n" stehen bleiben, bei „runter" in die Hocke gehen, bei „sausen" das Kind unter den Armen fassen und herumdrehen.

Empfehlenswerte Spielmaterialien

Zur Förderung der Grobmotorik

- Unterschiedliche Wurf- und Fangspielzeuge, z. B. Wasserball, Softball, Luftballons, Frisbeescheibe, Gummiring
- Hüpfball, Schaukelpferd
- Pferdeleine
- Rutschauto, Dreirad, Laufrad
- Schaukel mit seitlicher Sicherung
- Schubkarre
- Kriechtunnel
- Kleiner Bollerwagen zum Ziehen

Zur Förderung der Feinmotorik

- Mal- und Gestaltungsmaterialien (siehe S. 40)
- Murmelbahn
- Hampelmann
- Holzbausteine, Werkbank
- Lego-Duplo
- Dicke Holzperlen zum Auffädeln
- Sandspielzeug

Softball (vom Erwachsenen für das Kind)

Ab 1 Jahr

Material: Frottee- oder Baumwollstoff, Zauberwatte zum Füllen, eine Metallglocke

Aus Pappe ein Fünfeck mit einer Seitenlänge von 5 cm ausschneiden. Mit Hilfe dieser Schablone 12 Fünfecke aus Stoff zuschneiden und zunächst sechs Teile zusammennähen (siehe Skizze). Diese Sternenform noch einmal anfertigen und beide Teile so zusammennähen, dass eine Seite offen bleibt, um den Ball zu füllen. Mit Zauberwatte stopfen, dabei in die Mitte eine kleine Metallglocke einlegen. Damit der Ball eine schöne Rundung erhält, sollte die Zauberwatte fest gestopft werden.

Pferdeleine (vom Erwachsenen für das Kind)

Ab 2 Jahren

Material: dickes Baumwollgarn, 1 Häkelnadel, 4 Metallglöckchen, Nadel und Faden

Aus dem Baumwollgarn eine ca. 2 Meter lange Luftmaschenkette häkeln und zu einem Ring verknoten. Zwei weitere Luftmaschenketten von je 18 cm häkeln. Die erste im Abstand von 20 cm am oberen Ende der Leine anknoten oder annähen und die zweite 8 cm darunter (siehe Skizze). An dem so entstandenen Viereck jeweils ein Metallglöckchen annähen.

Das Kind stülpt die Pferdeleine über den Kopf, sodass das Viereck mit den Glöckchen auf der Brust aufliegt und die „Zügelleine" am Rücken herunterhängt bzw. vom Erwachsenen gehalten werden kann. Und nun kann das Pferdchenspiel beginnen.

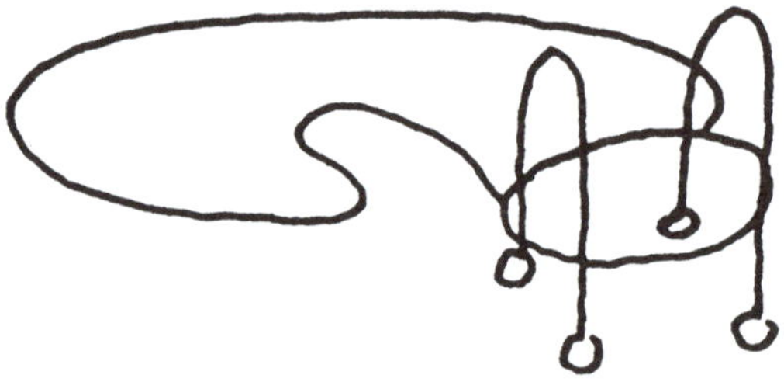

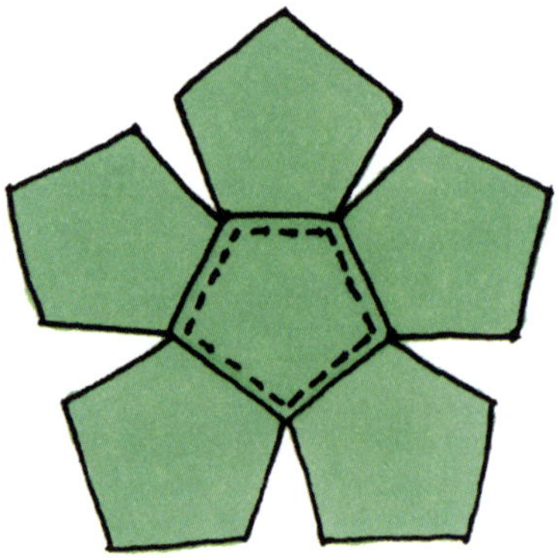

Hampelbär (vom Erwachsenen für das Kind)

Ab 2 Jahren

Material: feste Pappe oder Fotokarton, Schere, Plakafarben, Paketband, Musterklammern, evtl. eine Perle oder ein Glöckchen

Die Musterteile für den Hampelbären auf Karton übertragen und ausschneiden. Arme und Beine mit Musterklammern am Körper befestigen. Am oberen Kopf ein kleines Loch anbringen und einen Faden zum Aufhängen durchziehen. Auf der Rückseite der Figur die Schnurverbindung herstellen (siehe Skizze.). Am Zugfaden eine Perle anbringen und am Arm evtl. ein Glöckchen befestigen, das klingelt, wenn die Figur hampelt.

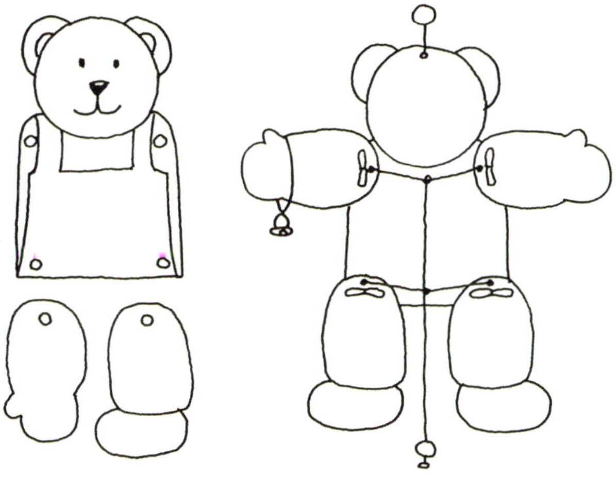

Murmelbahn
(vom Erwachsenen für das Kind)

Ab 2 Jahren

Material: Glasmurmeln, 3 1/2 m durchsichtiger Wasserschlauch mit 25 mm Durchmesser (aus dem Baumarkt oder Gartencenter), farbiges Klebeband, Dose zum Auffangen der Murmeln, runder Hocker mit 4 Beinen

Ein Hocker wird mit den Beinen nach oben aufgestellt. Um die Beine mit leichtem Gefälle einen durchsichtigen Schlauch wickeln, mit Klebeband befestigen. Oben werden die Murmeln eingefüllt und unten kommen sie in der Dose als Auffangschale wieder an.

Vorsicht: Das Kind nicht alleine mit den Murmeln spielen lassen, da es sie evtl. noch in den Mund stecken wird!

1.4 Malen – Kneten – Werkeln

Zur Entwicklung von Malen und Gestalten

Sobald das Kleinkind sicher sitzen, zielgerichtet greifen und beide Arme unabhängig vom Körper bewegen kann, eröffnet jedes neu entdeckte Material eine Fülle von Erfahrungen: Der übergeschwappte Kakao auf dem Tisch wird mit den Fingern verstrichen oder die Pflegecreme auf dem Spiegel verschmiert. Findet das Kind einen Bleistift oder Kugelschreiber, probiert es ihn auf der gerade zur Verfügung stehenden Fläche aus, z. B. auf dem Teppich, der Bettdecke oder der Wandtapete. Erstaunt stellt das Kind fest, dass es mit diesen Materialien bleibende Spuren hinterlassen kann – der erste Schritt in der Gestaltungsentwicklung des Kindes.

Stellt man dem Kind Stifte und Papier zur Verfügung, malt das Kind mit dem Stift in der Faust und dem Schwung des ganzen Armes. Es entstehen sogenannte „Kritzelbilder", ganz aus dem Bewegungsbedürfnis heraus. Je nach Wesensart des Kindes drückt es dabei unterschiedlich stark auf. Da noch keine differenzierten Bewegungen mit der Hand möglich sind, können Stifte, Papier und Untergrund ganz erheblich leiden. Bis das Kind gelernt hat, den Druck auf das Malgerät zu kontrollieren, sollten am besten stabile Wachsmalblöcke oder dicke Buntstifte als Malgerät zum Einsatz kommen. Das Kind kritzelt in dieser Phase beidhändig, die Betonung einer Körperhälfte beginnt erst im dritten Lebensjahr.

Viele Knet- und Modelliermassen aus dem Handel sind für Kleinkinder bedenklich oder sogar gefährlich, da sie Giftstoffe enthalten. Die Verpackungen tragen häufig den Hinweis „Kein Kinderspielzeug". Da aber die Materialerfahrungen beim Kneten und Matschen für Kleinkinder sehr wichtig sind, können Spielteige auch aus Nahrungsmitteln hergestellt werden (Herstellungshinweise siehe S. 41).

Malen ist ein Vorgang, der die Feinmotorik sowie das Zusammenspiel von Auge und Hand fördert. Wenn das Kind in der Lage ist, den Stift an einer bestimmten Stelle anzusetzen und seine Bewegungen mit dem Stift willentlich stoppen kann, entwickeln sich aus dem anfänglichen „Auf-und-Ab"- und „Hin-und-Her"-Kritzeln Knäuel, runde Formen und Linien. Das Malen begleitet das Kind mit Singen, es lacht und plappert und gibt dem fertigen Bild vielfältige Bedeutungen: Hat die Familie gerade eine Reise gemacht, so ist das Kritzelgewirr eine Eisenbahn, die aber in einer anderen Situation zu einer Katze werden kann – je nach Vorstellung des Kindes. Ähnlich wie bei der Malentwicklung durchläuft das Kind beim Kneten, Formen und Werkeln unterschiedliche Phasen im Umgang mit dem Material. Dem Kritzeln mit allen möglichen Stiften entspricht das

Mirja hat zu ihrem zweiten Geburtstag Malstifte geschenkt bekommen. Und da sie sehr neugierig ist, probiert sie gleich aus, was sie damit machen kann. Sie nimmt einen Stift in die Hand, kritzelt auf einem großen Blatt Papier vorsichtig hin und her und ist erstaunt, welche Spuren sie hinterlässt. Sie wird mutiger. Mit dem Schwung des ganzen Armes führt sie den Stift hin und her. Zwischendurch sucht sie sich eine neue Farbe aus und wechselt den Stift von einer Hand in die andere. Nach kurzer Zeit ist Mirja mit ihrem Bild fertig. Sie reicht es ihrer Mutter: „Hier Mama, für dich!" Die Mutter bedankt sich und ist sehr erfreut über Mirjas erstes Bild.

„Matschen" mit weichen Materialien. Erste Formerlebnisse hat das Kind, wenn es entdeckt, dass sich Materialien durch Quetschen, Drücken und Ziehen verändern: Sand, Schnee, Kuchenteig und Ton. Beim Kneten entstehen erste zufällige Formen oder Figuren. Auch hierbei versucht das Kind, seine Gebilde mit Worten zu erklären und ihnen einen Sinn zu geben.

Auch wenn bis zum Alter von etwa drei Jahren für den Erwachsenen nichts Gegenständliches erkennbar ist, sollten die Werke doch den Ausgangspunkt für Gespräche bilden. Wobei gemeinsame Überlegungen – „Was könnte das wohl sein? Eine Katze?" – die Sprech- und Gestaltungsfreude des Kindes anregen und das Selbstbewusstsein stärken.

Tipps zur Unterstützung der Gestaltungsfreude

- Kritzellust und Experimentierfreude unterstützen: Stehen dem Kind in der Wohnung zu Hause viele unterschiedliche Materialien (Stifte, Farben, Papier) zur Verfügung, reduzieren sich die Stiftspuren auf Tapeten, Türen und Möbeln.
- Die Mal- und Werkumgebung vorbereiten: Das Kind sollte sich beim Malen und Gestalten frei bewegen können. Jüngere Kinder malen am liebsten im Stehen, das Sitzen am Tisch schränkt ihren Bewegungsdrang ein.
- Malen und Gestalten ernst nehmen: Lob und Zuspruch ermutigen das Kind in seinem Tun; während des Gestaltungsprozesses sollte es allerdings nicht mit Fragen oder vorschnellen Deutungen bedrängt werden. Stattdessen ruhig und geduldig das Tun beobachten, den Kommentaren zuhören und auf Deutungen des Kindes nach Fertigstellung des Werks mit Fragen eingehen. Inflationäres und undifferenziertes Lob – „Toll gemacht!" – fördert die Gestaltungsfreude des Kindes nicht.
- Das Kind zum Malen und Gestalten motivieren: Besondere Materialien (siehe empfehlenswerte Materialien zur Gestaltung, S. 40), interessante Erlebnisse wie Zoobesuch, Spaziergang im Wald, die Urlaubsreise oder Geschichten können als Impuls für Mal- und Gestaltungsaktionen dienen. Der Erwachsene kann Impulse geben, in der Ausgestaltung sollten die Kinder frei bleiben. Vorzeichnen und Vormachen sind ebenso wie Schablonen oder Vorlagen zum Nachmalen nicht förderlich. Die Bilder oder Figuren nicht verbessern. Soll das Kind eine neue bildnerische Technik kennenlernen, z. B. „Korkdruck", so kann der Erwachsene diese vormachen und das Kind probiert es danach selbstständig aus.
- Kinderkunst mit Wertschätzung begegnen: Aus der Fülle der „Kunstwerke" wöchentlich eines aussuchen und aufhängen. Fertige Figuren aufstellen oder im Spiel zum Einsatz bringen.

Kunterbunter Tropf- und Malspaß

Mit Hand und Fuß

Ab 2 Jahren

***Material:* große Papierbögen oder Tapetenrolle, Fingerfarbe**

Auf großen Papierbögen oder der Tapetenrolle mit beiden Händen malen. Mit den Händen oder den Füßen „drucken".

Variante: mit Schwämmen, Korken, Obstnetzen, Styropor, Moosgummi, zusammengerollter und geklebter Wellpappe drucken.

Rot wie die Feuerwehr

Ab 3 Jahren

***Material:* große Papierbögen oder Tapetenrolle, Fingerfarbe**

Auf großen Papierbögen experimentiert das Kind mit einer oder zwei Farben, wobei der Erwachsene die folgenden Verse rhythmisch betont spricht:

- „Rot wie die Feuerwehr, von Rot will ich noch mehr."
- „Blau wie Heidelbeeren, den Topf, den will ich leeren."
- „Ich kann aus Gelb und Blau ein Grasgrün zaubern, schau genau."
- „Wenn Rot und Blau zusammenfließen, kann ich das Violett genießen."
- „Aus Rot und Gelb hab' ich gemacht, Orange, wer hätte das gedacht?"

Pustebilder

Ab 2 Jahren

***Material:* große Bögen Papier, Wasserfarben, dicke Pinsel, Trinkhalme**

Dicke Farbkleckse auf das Papier tropfen und mit dem Trinkhalm verpusten.

Rollbilder

Ab 3 Jahren

***Material:* Schuhkartondeckel, 1 Blatt Papier, Fingerfarbe, Murmel**

Ein Blatt Papier in die Innenseite des Schuhkartondeckels legen. Den Rand satt mit Farbe beklecksen. Eine Murmel hineinlegen und den Deckel schwenken, sodass die Murmel hin und herläuft. Sie hinterlässt bunte Spuren und es ergibt sich ein farbenprächtiges Bild.

Schmetterlingsbilder

Ab 2 Jahren

***Material:* 1 Blatt Papier, Fingerfarbe**

Das Papier in der Mitte falten, Farbe auf eine Seite klecksen, das Blatt zusammenklappen, festdrücken und wieder öffnen. Es entstehen bunte Flügelformen.

Sternentalerspuren

Ab 3 Jahren

***Material:* weiße Zuckerkreide, Borstenpinsel**

Weiße Zuckerkreide (Herstellung siehe S. 37) mit einem dicken Borstenpinsel auf die Fensterscheibe tupfen. Nach dem Trocknen sieht es aus wie Eiskristalle.

Die bunte Fingerfarbe verführt Kleinkinder häufig zum „Naschen". Daher enthält im Handel erhältliche Fingerfarbe geringe Mengen eines Bitterstoffs, der das verhindern soll.
Diese Stoffe sind ungiftig, dennoch ist es besser, Fingerfarbe selbst herzustellen.

Selbstgemachte Fingerfarbe
(mit Mehl)

***Material:* 4 gehäufte EL Weizen- oder Roggenmehl, 1 ¾ l Wasser, 6 leere Marmeladengläser mit Deckel, Lebensmittelfarbe**

Weizen- oder Roggenmehl in einem Liter kaltem Wasser verrühren. ¾ l heißes Wasser dazugießen. Den Brei unter ständigem Rühren weiter erhitzen und darauf achten, dass er nicht zu dick wird. Auf sechs Marmeladengläser verteilen und die jeweilige Lebensmittelfarbe hineinrühren.

Die Fingerfarben sind in verschlossenen Gläsern einige Wochen im Kühlschrank haltbar. Wenn sich Schimmel bildet, sollten sie entsorgt werden.

Selbstgemachte Fingerfarbe
(mit Tortenguss)

***Material:* 1 Päckchen Tortenguss, ¼ l Saft oder Tee zum Einfärben (z. B. Möhrensaft, Kamillentee, Rote-Beete-Saft, Heidelbeersaft), für jede Farbe ein leeres Marmeladenglas mit Schraubdeckel**

Den Tortenguss in den kalten Saft oder Tee einrühren, zum Kochen bringen und wieder abkühlen lassen. Die fertige Farbe in ein Marmeladenglas füllen.

Zuckerkreide

***Material:* ¼ l lauwarmes Wasser, 5 Teelöffel Zucker, bunte Kreide, 1 Schüssel, Teller oder Schalen, Papier**

Zucker in dem lauwarmen Wasser auflösen. Kreidestücke hineinlegen. Die Kreidestücke müssen sich voll Wasser saugen und zu Boden sinken (ca. 10 Minuten). Die nasse Kreide auf Teller oder Schalen legen und das Malen kann beginnen.

Durch den Zucker leuchtet die Farbe stärker. Nach dem Malen kann die getrocknete Kreide wieder verwendet werden.

Holzpinsel

***Material:* frische Zweige von Sträuchern, Hammer**

Das Kind schlägt mit dem Hammer das Ende eines Zweigs faserig und erhält somit einen „Holzpinsel" zum Malen.

Knüllen, kleistern & bauen

Rollen-Raupe (mit Hilfe des Erwachsenen)

Ab 3 Jahren

Material: mehrere leere Toilettenpapierrollen, ca. 3 m Paketschnur, farbiges Papier zum Bekleben, Klebstoff und Papierschnipsel oder Fingerfarben zum Anmalen

Vier leere Toilettenpapierrollen mit klein gerissenen farbigen Papierschnipseln bekleben oder mit Fingerfarben anmalen. Die Paketschnur durch die einzelnen Rollen fädeln und eine Rolle als Raupenkopf vorne anbringen.

Das Kind kann die selbst gebastelte Raupe an der Paketschnur hinter sich herziehen.

Lösungsmittelhaltige Klebstoffe gehören nicht in die Hände von Kindern. Kleister ist gesundheitlich unbedenklich, ideal geeignet für erste Klebearbeiten mit jüngeren Kindern und kann leicht selbst hergestellt werden.

Mehlkleister

Material: 200 g Mehl, ½ l Wasser

Wasser zum Kochen bringen und gut mit dem Mehl verrühren.

MeMo-Kleister

Material: 100 g Mehl, 100 g Mondamin oder andere Kartoffelstärke, ½ l Wasser

Mehl und Mondamin mit heißem oder kaltem Wasser gut verrühren.

Leuchtglas (mit Hilfe des Erwachsenen)

Ab 3 Jahren

Material: ein leeres Marmeladenglas ohne Deckel (mit möglichst großer Öffnung), farbiges Transparent- oder Seidenpapier, Kleister, 1 Teelicht

Das Transparent- oder Seidenpapier in kleine Stücke reißen und mit Kleister das Marmeladenglas so dicht bekleben, dass kein Glas mehr sichtbar ist. Nachdem der Kleister getrocknet ist, ein Teelicht hineinstellen und anzünden.

Wackeldackel (mit Hilfe des Erwachsenen)

Ab 3 Jahren

Material: 1 Schuhkarton ohne Deckel, 1 kleine Pappschachtel (z. B. von einem Seifenstück), Papier, Klebstoff, farbige Papierschnipsel oder Fingerfarbe, Schere, 1 kurzes Stück Paketschnur, 1 Ball (sein Durchmesser sollte der Breite des Schuhkartons entsprechen)

Die kleine Pappschachtel als „Dackelkopf" mittig auf den umgestülpten Schuhkarton kleben. Beide Kartons bemalen oder mit Papier bekleben. Drei Streifen Papier ausschneiden und zwei als „Ohren" jeweils rechts und links am „Kopf" ankleben, einen als Nase vorne. Seitlich Augen aufmalen. An der Rückseite des Schuhkartons einen Schwanz aus Paketschnur befestigen. Zum Schluss einen Ball unter den Schuhkarton legen (siehe Skizze). Durch einen Anstoß setzt sich der „Wackeldackel" in Bewegung.

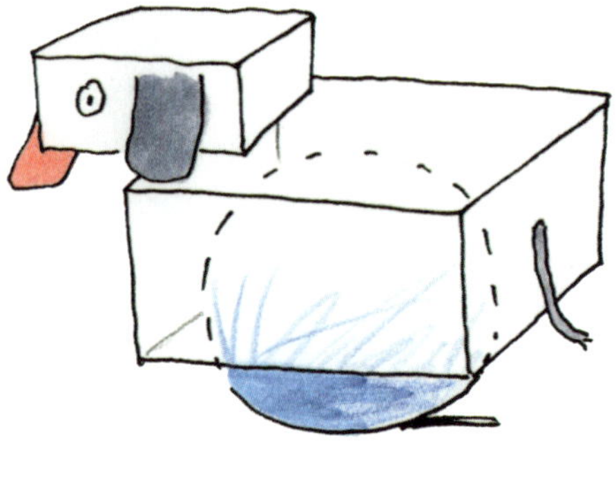

Zeitungsschnecke
(mit Hilfe des Erwachsenen)

Ab 3 Jahren

Material: Zeitungspapier, Kleister

Das Zeitungspapier wird von einem Erwachsenen in ca. 10 cm breite Streifen gerissen oder geschnitten. Das Kind faltet den Streifen zwei- bis dreimal, sodass er fester wird. Nun wird der Streifen mit Kleister bestrichen und zu einer Schnecke aufgerollt. Das Streifenende nicht ganz einrollen, sondern als Schneckenkopf stehen lassen.

Die Schnecke kann nach Belieben auch noch angemalt werden.

Flummi (mit Hilfe des Erwachsenen)

Ab 3 Jahren

Material: 1 Bogen Zeitungspapier, Obstnetz, Alufolie, Gummischnur, Zwirnsfaden

Einen Bogen Zeitungspapier zerknüllen und daraus eine Kugel formen. Die Gummischnur einmal herumbinden. Nun die Kugel mit Alufolie einhüllen, das Obstnetz darüberspannen und mit dem Zwirnsfaden so zusammenbinden, dass die Gummischnur oben herausschaut. Das überstehende Netz abschneiden, schon ist der Flummi fertig.

Flatterball

Ab 3 Jahren

Material: 1 alter Socken, Zeitungspapier, Krepppapier, Klebstoff

Einen alten Socken mit zusammengeknülltem Zeitungspapier füllen und zuknoten. Bunte Krepppapierstreifen an diesen Ball ankleben. Nun kann das Kind den Flatterball hoch in die Luft werfen.

Strumpfschlange
(mit Hilfe des Erwachsenen)

Ab 3 Jahren

Material: 1 alte Strumpfhose, Zeitungspapier, 2 Knöpfe, Nadel und Faden

Die Beine einer alten Strumpfhose abschneiden, mit zusammengeknülltem Zeitungspapier füllen und am Ende zuknoten. Vielleicht bekommt die Schlange noch zwei aufgenähte Knopfaugen.

Türme bauen

Ab 2 Jahren

Material: Fischer TiP-Bausteinchen

Das Rohmaterial der TiPs besteht aus pflanzlicher Stärke, sie sind mit Lebensmittelfarben kunterbunt eingefärbt. Die Stärke klebt von Natur aus, sobald sie mit Wasser in Berührung kommt. Einfach ein Schwammtuch mit Wasser befeuchten, leicht ausdrücken, die TiPs kurz drauflegen und die angefeuchteten TiPs aneinanderdrücken. So können schon Kleinkinder Türme oder andere Bauwerke selbst herstellen.

Empfehlenswerte Spielmaterialien

- Als Unterlage: Kunststofffolie, Wachstuch, Zeitungspapier
- Malkittel: abgelegtes Oberhemd, Müllsack mit Hals- und Armausschnitt
- Papierarten: Tapete, Pack-, Einwickel-, Computer-, Makulatur-, Toiletten-, Transparentpapier, Taschentücher, Filtertüten, Papiertüten, Pappe zum Bemalen, Reißen, Schneiden, Falten, Rollen, Löchern, Stanzen, Kleben, Knüllen
- Kreide, Holzkohle, Wachsmalblöcke, Wachsmalbirnen, dicke Buntstifte, Markierstifte, Filzstifte (auf Produkte achten, in denen keine gesundheitsschädliche Stoffe enthalten sind, z. B. Arsen, Blei oder aromatische Amine)
- Fingerfarben (siehe S. 37)
- Dicke Borstenpinsel, Schwammpinsel, „Holzpinsel" (siehe S. 37)
- Wasserfarben in standfesten Wasserfarbtöpfen zum Matschen, Klecksen, Pusten, Spritzen, Mischen
- Klebstoffe ohne Lösungsmittel, z. B. Tapetenkleister, Klebestifte oder selbst hergestellter Kleister (siehe S. 38)
- Stabile Kinderschere mit abgerundeten Spitzen
- Werkzeugkasten mit folgendem Inhalt: 1 kleiner Hammer, 1 Dose mit dünnen, etwa 3 cm langen Nägeln, weiche Holzreste oder Korkplatten, 1 Beiß- und eine Flachzange, 1 Rolle Blumendraht, 1 Schraubenzieher, 1 Dose mit Schrauben
- TiP-Bausteinchen von der Firma Fischer (Bastelmaterial aus Kartoffelstärke und Lebensmittelfarbe), siehe auch www.fischertip.de

Orientierungshilfe beim Kauf von gesundheitlich unbedenklichen Gestaltungsmaterialien für Kinder bieten die Verbraucherzentralen, die Zeitschrift: Öko-Test oder das Umweltzeichen „Blauer Engel".

Spielmöglichkeiten mit Knete

- Gegenstände eindrücken, wie Zahnstocher, Nägel, Schrauben, Kronkorken, Tannenzapfen, Muscheln etc.
- Mit dem Nudelholz ausrollen
- Mit einer Knoblauchpresse „Würmer" pressen
- Knete im Rollenspiel zur Herstellung von „Speisen" verwenden, zum Einfüllen in Töpfe, Teller, Tassen
- Lladematerial für Spielzeuglaster, Schiffe, Eierkartons
- Aus Knete einen Berg als Rennstrecke oder Kugelbahn formen

Mehl-Knete

Material :1 Tasse Wasser, 2 EL Öl, Lebensmittelfarbe, 3 Tassen Mehl

Alle Zutaten gut durchkneten.

Dieser Teig ist bereits für einjährige Kinder geeignet.

Knete dient Kleinkindern ausschließlich als Spielmaterial und nicht als Werkstoff, aus dem Gegenstände geformt werden.

Im Handel erhältliche Knete kann PVC, Phthalate als Weichmacher und Konservierungsstoffe enthalten. Bastelknete kann man schnell und einfach selbst herstellen. Sie ist garantiert ungiftig und kann schön bunt eingefärbt werden.

Salz-Knete

Material: 2 Tassen Mehl, 1 Tasse Salz, 1–2 EL Speiseöl, Wasser nach Bedarf

Alles gut durchkneten. Um den Teig zu färben, kann zusammen mit dem Wasser flüssige Lebensmittelfarbe hinzugefügt werden (auch Ostereierfarbe, Kakao oder Rote-Beete-Saft sind geeignet).
Vor dem Backen die Salzteigprodukte 12–24 Stunden ruhen lassen. Pro ½ cm Dicke müssen die Produkte eine Stunde bei 75 °C gebacken werden.

Der Teig sollte Kindern unter einem Jahr noch nicht zur Verfügung gestellt werden. Sie probieren zu viel davon, und das Salz würde die Nieren zu stark belasten.

Alaun-Knete

Material: 400 g Mehl, 200 g Salz, ½ l kochendes Wasser, 3–4 EL Öl, 30–40 g Alaunpulver (Apotheke), Lebensmittelfarbe

Die Lebensmittelfarbe mit dem Wasser zum Mehl geben. Alles gut durchkneten. In Schraubgläsern aufbewahrt ist die Knete für lange Zeit verwendbar.

Dieser Teig sollte erst Kindern ab zwei Jahren zur Verfügung gestellt werden.

1.5 Musik hören, singen, Krach machen

Zur musikalischen Entwicklung

Frau K. lebt mit Mirja (2;6 Jahre) allein. Sie ist berufstätig und hat oft nur wenig Zeit. Tagsüber geht Mirja in die Tagesstätte „Liliputz". Wenn Frau K. Mirja um 16 Uhr abholt, möchte sie unbedingt noch so viel wie möglich mit Mirja spielen, auch wenn die Hausarbeit erledigt werden muss. Mit viel Fantasie schafft sie es immer wieder, daraus ein Spiel für Mirja zu machen: Wenn sie aufräumen muss, verbindet sie es mit einem Suchspiel, beim Staubsaugen rollen sie mit den Augen und machen die Geräusche nach, und während Frau L. in der Küche Salat schneidet, begleitet sie Mirja musikalisch mit Kochlöffel und Topfdeckeln. Dafür singt sie ihr beim Kochen „Ist die kleine Köchin da" vor. Mirja ist immer um sie herum, dabei guter Dinge und voller Ideen.

Bereits bei der Geburt ist der Gehörsinn gut entwickelt. Das Neugeborene kann Stimmen und Geräusche, die es umgeben, unterscheiden. Wiederkehrende Geräusche und bekannte Klänge beruhigen das Kind und geben ihm Sicherheit. Hört das Kind ein vertrautes Geräusch, z. B. seine Rassel, sucht es mit den Augen und durch Drehung des Kopfes die Geräuschquelle und zeigt Freude. Auf laute und plötzliche Geräusche reagiert das Kind noch reflexartig.
Im Laufe des ersten Lebensjahres versucht das Kind, gezielt nach der Rassel zu greifen, um einen Klang hervorzurufen. Gelingt ihm das, bewegt es die Arme und strampelt mit den Beinen. Das Zusammenspiel von Hören – Sehen – Fühlen (Greifen) ermöglicht dem Kind nun viele neue Erlebnisse und Erfahrungen. Wiederholungen festigen die Erfahrungen und eröffnen neue Möglichkeiten.
Menschliche Stimmen nimmt das Kind bereits sehr deutlich wahr. Es hört die Stimme seiner Bezugspersonen aus anderen Stimmen heraus. Seine eigene Stimme setzt es zunehmend differenzierter ein.
Musikalische Reime, Verse und Lieder stimulieren das Kind. Bei Trostversen und Wiegenliedern lauscht es der vertrauten Stimme und dem Rhythmus der Worte. Die gleichmäßigen Schaukelbewegungen und die körperliche Geborgenheit beruhigen, trösten und rufen wohlige Erinnerungen an die vorgeburtliche Schwerelosigkeit im Fruchtwasser hervor.
Wenn das Kind ab dem vierten oder fünften Monat immer aufmerksamer und neugieriger wird, können die Lieder mit passenden Hand- und Fingerbewegungen begleitet werden. Das Kind wird vor lauter Vorfreude anfangen zu quietschen und zu lachen, wenn es auf eine bestimmte Geste wartet.
Kinder lernen die Melodien der Lieder, die sie täglich hören, erstaunlich schnell. Lange bevor sie den Text mitsingen können, versuchen sie die Melodie mitzusummen oder zu lallen. Manche Kinder beginnen damit schon vor dem ersten Geburtstag.
Mit Beginn des zweiten Lebensjahres wird das Gehör immer differenzierter. Das Kind hat inzwischen gelernt, Geräusche im Raum genau zu lokalisieren und ihrer Quelle zuzuordnen. Es lauscht z. B. konzentriert dem Ticken der Uhr oder der Stimme aus dem Telefon.
Es lernt, einzelne Sprachlaute zu unterscheiden, erst die Vokale, später die stimmhaften und stimmlosen Konsonanten, was eine besonders große Leistung ist, da für das menschliche Gehör solche Unterschiede an der Grenze der Wahrnehmbarkeit liegen. Zwischen zwei und drei Jahren hört es seine eigenen Laute so genau und bewusst, dass es die Worte und ihre Aussprache kontrollieren kann.

Tipps zur Unterstützung der Musikalität

- Klänge erkunden: Alltagsmaterialien sind die ersten und einfachsten „Musikinstrumente“. Gefüllte Dosen kann man schütteln, auf Kartons trommeln, Topfdeckel zusammenschlagen, Tee mit dem Trinkhalm zum Blubbern bringen etc.
- Geräusche wahrnehmen: Bei einem Spaziergang besteht die Gelegenheit, einmal aufmerksam auf die Geräusche in der Umgebung zu achten. Das Kind hat vielleicht Spaß daran, diese Geräusche nachzumachen.
- Musik erleben: Livemusik fasziniert bereits Kleinkinder, z. B. auf einem Volksfest, beim Kurkonzert, Straßenmusik etc. Die Konzentrationsfähigkeit ist allerdings noch nicht besonders ausgeprägt, daher würde eine Konzertaufführung das Kind überfordern. Bei Musik von Tonträgern kann man Kinder schon früh auf den Klang verschiedener Soloinstrumente aufmerksam machen und so die differenzierte Hörwahrnehmung fördern.
- Lieder singen: Lieder in Reimform, mit einer einfachen Melodie und eingängigem Rhythmus, fördern die Sprachentwicklung und die Konzentrationsfähigkeit sowie die Gedächtnisleistung. Daher bei vielen Gelegenheiten Lieder vorsingen, z. B. beim Treppe auf- und absteigen, beim Baden, Wickeln, Anziehen. Schon früh entdeckt das Kind die eigene Singstimme – und lernt mit Begeisterung einfache Lieder. Der Erwachsene sollte das Lied in einer hohen Tonlage anstimmen, da dies der Stimmlage des Kindes entspricht. Durch häufige Wiederholungen – die Kinder keineswegs langweilig finden – prägen sich Melodie und Text recht schnell ein. Kinder beim Singen nicht korrigieren!
- Lieder in Bewegung: Kniereiterspiele begeistern schon die Kleinsten; die Verbindung von Stimmklang und Bewegung fördert die Vernetzung verschiedener Wahrnehmungsbereiche, eine wichtige Grundlage der kognitiven Entwicklung. Auch einfache Aktivitäten können mit klatschen, summen, expressiver Gestik und Mimik sowie rhythmischen Bewegungen ausgeführt werden.
- Eltern und Kinder entdecken gemeinsam die Freude an der Musik: Bundesweit bieten inzwischen viele Institutionen und Musikschulen „Musikgarten“-Kurse an. Der „Musikgarten“ ist ein Konzept zur musikalischen Früherziehung für Kleinkinder ab 18 Monaten (www.musikgarten.info).

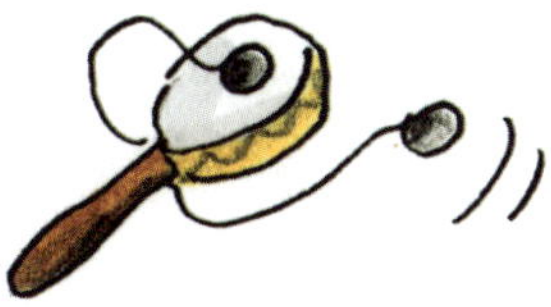

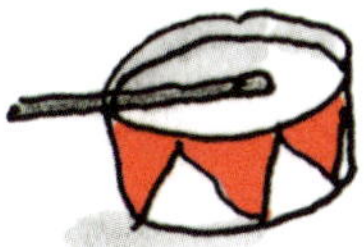

Horch, was klingt da?

Das Tick-Tack-Lied (Text und Melodie überliefert)

Ab 2 Jahren

Die Bezugsperson stellt sich mit gespreizten Beinen auf, greift von hinten unter den Armen des Kindes hindurch, um es leicht anzuheben, und pendelt das Kind im Takt des Liedes zwischen den Beinen. Bei „boing" das Kind auf dem Boden absetzen.

Variante: Ältere Kinder ahmen das Ticken der Uhren im Gehen nach: große Uhren – große Schritte, kleine Uhren – kleine Schritte, Taschenuhren – Trippelschritte.

Tick-Tack-Spiel

Ab 2 Jahren

Material: 1 Wecker

Einen laut tickenden Wecker im Raum verstecken. Das Kind sucht den Wecker. Hat es ihn gefunden, darf es selbst den Wecker verstecken und der Erwachsene ist der Sucher.

Auf Glöckchensuche

Ab 2 Jahren

Material: 1 Glöckchen

Der Erwachsene klingelt hinter seinem Rücken mit einem Glöckchen. Das Kind versucht, das Glöckchen zu finden.

Es macht die Bibabutzefrau Radau

(Melodie: überliefert, Text: z. T. von den Autorinnen)

Ab 2 Jahren

Kind und Bezugsperson singen das Lied und führen die passenden Bewegungen zum Text aus.

Ich bin ein kleiner Tanzbär (Text und Melodie überliefert)

Ab 2 Jahren

Bezugsperson und Kind fassen sich an den Händen, singen das Lied und tanzen dazu.

Wir sind Musikanten!

Froschkonzert (Text und Melodie überliefert)

Ab 3 Jahren

Bezugsperson und Kind singen das Lied und hüpfen dabei wie Frösche durch den Raum.

Kartoffelbrei (Melodie: überliefert, Text: Autorinnen)

Ab 3 Jahren

II: Kartoffelbrei, Kartoffelbrei, ... *Mit beiden Händen rhythmisch auf die Oberschenkel klatschen,*
Dideldumdideldei .... *die Hände vor dem Körper umeinander drehen,*
und ein Spiegelei. :II .... *einmal in die Hände klatschen,*
II: Kohlrabi, Kohlrabi, ... *beide Arme nach oben, dann nach unten,*
dideldumdideldei. .... *Hände vor dem Körper umeinander drehen,*
und ein Spiegelei :II. .... *einmal in die Hände klatschen.*

Das Endloslied kann beliebig oft wiederholt werden.

Wir sind die Musikanten (Melodie: überliefert, Text z. T. von den Autorinnen)

Ab 2 Jahren

Bezugsperson und Kind singen das Lied (den eigenen Wohnort im Liedtext entsprechend einsetzen). Dazu auf echten Instrumenten spielen oder diese nachahmen. In weiteren Strophen können andere Instrumenten genannt werden, z. B. Trompete (tut, tut, tut), Rassel (rasch, rasch, rasch), Glockenspiel (ping, ping, ping) u. a.

Empfehlenswerte Spielmaterialien

- Spieluhr
- Trommel
- Glockenspiel
- Xylophon
- Klang erzeugende Holzfrösche
- Tamburin
- Brummkreisel
- Mundharmonika
- Kindertrompete
- Selbst gebaute Geräusch- instrumente

Zupfkasten (mit Hilfe des Erwachsenen)

Ab 2 Jahren

***Material:* 1 Schuhkarton ohne Deckel, Schere Gummiringe**

In den Karton links und rechts kleine Schlitze schneiden, in denen die Gummiringe als Saiten fixiert werden. Lockere Gummis ergeben tiefe Töne, gespannte Gummis hohe Töne. Fertig ist der Zupfkasten.

Regenmacher (mit Hilfe des Erwachsenen)

Ab 2 Jahren

***Material:* 1 leere Küchenrolle, Papierklebeband, Füllmaterial (Reis, kleine Steine, Perlen o.Ä.)**

Eine Öffnung der leeren Küchenrolle mit Papierklebeband gut abdichten. Mit Material füllen und auch die andere Seite gut abkleben.

Der Regenmacher kann nach Belieben vom Kind bemalt oder mit buntem Papier beklebt werden.

Murmelblech

Ab 2 Jahren

***Material:* 1 runde Kuchenform aus Metall, 1 Glasmurmel**

Die Murmel in die Kuchenform legen und rotieren lassen. Es können auch mehrere Glasmurmeln eingesetzt werden.

Siebrassel

Ab 2 Jahren

***Material:* 1 rundum schließbares Teesieb oder ein Teeei, 1 Glöckchen**

Das Glöckchen in das Teesieb legen. Fertig ist die Siebrassel.

Luftballonrassel (mit Hilfe des Erwachsenen)

Ab 2 Jahren

***Material:* 1 Luftballon, 1 Radiergummi oder 1 Glöckchen**

Ein Radiergummi oder ein Glöckchen in einen Luftballon stecken, danach etwas aufblasen. Schon ist aus dem Luftballon eine Rassel geworden.

Flaschenrassel (mit Hilfe des Erwachsenen)

Ab 2 Jahren

***Material:* leere Plastikflasche mit Drehverschluss, Füllmaterial (z. B. Perlen, Steinchen, Nudeln, Reis, Knöpfe o. Ä.)**

Die leere Flasche mit Material füllen. Nach Belieben von außen mit buntem Papier bekleben.

Klingendes Mobile (mit Hilfe des Erwachsenen)

Ab 2 Jahren

***Material:* transparente Kunststoffkugeln (in Bastelläden erhältlich), Füllmaterial (Knöpfe, Perlen, Glöckchen, Reis etc.), Kleiderbügel oder Kordelband**

Die Kugeln mit den Materialien unterschiedlich füllen, zukleben und an das Kordelband oder den Kleiderbügel knoten. Die Kugeln so aufhängen, dass das Kind sie selbst mit den Händen oder Füßen bewegen kann.

Klangspiel (mit Hilfe des Erwachsenen)

Ab 3 Jahren

***Material:* 1 Drahtbügel oder 1 Suppenkelle, mehrere kleine Löffel oder Nägel in verschiedenen Größen, Gummiringe**

Am Drahtbügel oder dem Stiel der Suppenkelle mit Gummiringen Löffel oder Nägel so befestigen, dass sie frei schwingen können, dabei evtl. aneinanderstoßen. Das Klangspiel aufhängen und mit einem Löffel zum Klingen bringen.

1.6 Ich und Du

Zur sozialen Entwicklung

Jedes Kind braucht vom ersten Lebenstag an die verlässliche Zuwendung von mindestens einer Bezugsperson, meist der Mutter, die in der Lage ist, die Bedürfnisse des Kindes zu erkennen und darauf einzugehen. Schon nach wenigen Wochen können Interaktionen zwischen Eltern und Kind beobachtet werden. Das Kind lächelt die Bezugsperson an und bekundet durch Lallen sein Wohlbefinden. Antworten Mutter oder Vater mit ähnlichen Lauten, so entsteht der erste Dialog.

Hanna (2;3) freut sich immer, wenn sie etwas mit ihrer Mutter gemeinsam machen kann. Heute möchte Hanna ihre neuen Buntstifte ausprobieren. Die Mutter malt mit einem Stift um Hannas Hand und erzählt ihr dabei von einem Gockelhahn. Ein Gockelhahn aus Hannas Hand. Das sieht aber lustig aus. Genauso einen Hahn hat Hanna schon auf dem Bauernhof gesehen, wo sie immer Milch kaufen. Da gibt es noch viele andere Tiere, die Hanna alle schon kennt. Bestimmt gehen sie gleich wieder dorthin. Aber zuerst will Hanna auch einen Gockelhahn mit Mamas Hand malen.

In den länger werdenden Wachphasen spielt das Kind mit sich selbst oder möchte beschäftigt werden. Die Bezugsperson erkennt durch Beobachtung, ob es allein spielen möchte oder Anregung braucht. Denn wird das Kind in seinem Spiel häufig unterbrochen, verlernt es, sich längere Zeit mit einer Sache zu befassen. Es wird dann leicht ablenkbar und verlangt nach ständiger Beschäftigung.

Nach ca. sechs Monaten unterscheidet das Kind deutlich seine engsten Bezugspersonen von Fremden. Als Reaktion zeigt es z. B., dass es sich nicht von Fremden anfassen lassen möchte, oder es erwidert das freundliche Anlachen nicht. Dieses „Fremdeln" ist für das Kind eine wichtige Phase in seiner Entwicklung, da es durch die Unterscheidung von Fremden und Vertrauten seine emotionale und soziale Bindung aufbauen und festigen kann. Die Erwachsenen sollten in dieser Situation die Angstreaktion des Kindes respektieren, denn wenn es genügend Vertrauen entwickelt hat, wird es von selbst über eine mögliche Kontaktaufnahme entscheiden.

Mit zunehmendem Alter übernimmt das Kind im Spiel mit der Bezugsperson Eigeninitiative. Es lässt z. B. bewusst Spielzeug fallen oder wirft es weg, schaut interessiert hinterher und freut sich, wenn die Bezugsperson es wiederbringt. Weitere Interaktionsspiele wie das „Kuck-Kuck-Spiel", Kniereiter, Finger- und Körperspiele, die einen ähnlichen Spannungsbogen beinhalten, sind in diesem Alter besonders beliebt.

Zu Beginn des zweiten Lebensjahres lernen die meisten Kinder laufen, wobei die Bezugsperson der wichtigste Begleiter ist. Sie fordert das Kind z. B. auf, in ihre Arme zu laufen, lobt es, wenn es mit ihrer Hilfe über eine Bank balanciert, beim „Fangen-Spiel" wegläuft oder sich versteckt. Bei diesen partnerzentrierten Lauf-, Fang- und Versteckspielen erfährt das Kind Körperkontakt, der ihm Vertrauen und Sicherheit vermittelt. Es gewinnt Zutrauen in seine eigenen körperlichen Fähigkeiten.

Im zweiten Lebensjahr ist das Kind ein deutlich aktiverer Spielpartner, der seine Spielwünsche immer besser auch verbal zum Ausdruck bringen kann. Das Kind beobachtet sehr genau die Menschen in seiner näheren Umgebung und ahmt Gesten, Handlungsweisen sowie Laute, Geräusche und kurze Redewendungen im Spiel nach. Manchmal schlüpft das Kind

dabei in die Rolle der Bezugsperson und diese muss z. B. die Rolle des Kindes übernehmen. Die Bezugsperson geht auf die Spielanregungen des Kindes ein, sodass ein sozialer Austausch stattfinden kann. Die erste Kontaktaufnahme mit gleichaltrigen Kindern geschieht meist auf dem Spielplatz oder in der Krabbelgruppe. Das andere Kind wird intensiv beobachtet, angefasst, gestreichelt, aber auch geschubst, geknufft oder geschlagen. Manchmal entsteht Streit um ein Spielzeug und die Erwachsenen müssen helfend eingreifen.

Die soziale Entwicklung des Kindes wird gefördert, wenn es viel mit Gleichaltrigen zusammenkommt, z. B. in einer Kinderkrippe. Zwar spielen die Kinder meist noch nebeneinander, doch auch hierbei können sie viele soziale Verhaltensweisen erfahren, z. B. dass man etwas nacheinander tun muss, um Zusammenstöße zu vermeiden oder dass man teilen kann, damit alle etwas haben. Nur durch das Vorbild und unter Anleitung des Erwachsenen ist das Kind in der Lage, soziale Verhaltensformen zu erwerben.

Tipps zur Unterstützung des sozialen Verhaltens

- Verantwortung übertragen: Kleinkinder können dem Entwicklungsstand angemessen kleine häusliche Aufgaben übernehmen, z. B. Kartoffeln, Obst und Gemüse waschen, auf Teller verteilen oder in eine Schüssel legen; Müsli mischen; Banane schälen und in Scheiben schneiden; Brotscheiben bestreichen und mit Wurst oder Käse belegen; Geschirr auf den Tisch stellen und abräumen; Spielzeug aufräumen u. Ä.
- Geschwisterkinder gerecht behandeln: Kein Kind in der Geschwisterreihe sollte bevorzugt oder benachteiligt werden. Bestimmte Zeiten sollten dem Spiel mit allen Geschwistern gemeinsam vorbehalten sein, dabei auf altersgerechte Spielvorschläge achten. Die Geschwister dazu auffordern, dem anderen ein Spielzeug von sich zu geben, auszuleihen oder zu tauschen.
- Am Miteinander teilhaben lassen: Bei Besuchen von Verwandten oder Freunden das Kind am geselligen Zusammensein teilhaben lassen und es nicht zum Spielen in einen anderen Raum schicken. So kann es bei den Gesprächen zuhören und erlebt, wie Erwachsene miteinander umgehen.
- Um frühzeitig Kontakt mit Gleichaltrigen zu bekommen, ist der regelmäßige Besuch einer Spielgruppe, einer Mutter-Vater-Kind-Gruppe oder eines Spielplatzes sehr wichtig.

Rollen- und Fingerspiele

Im Verkehr

Ab 2 Jahren

***Material:** 1 ausgedientes weißes Bettlaken, Stoffmalfarben, Spielzeugautos, Holzfiguren*

Auf einem weißen Bettlaken mit Stoffmalstiften Straßen, Verkehrsampeln, Häuser, Bäume, Zäune, Tiere etc. aufmalen. Der Verkehrsteppich ist fertig. Nun können das Kind und der Erwachsene mit stabilen Fahrzeugen und Holzfiguren Alltagssituationen nachspielen.

In ersten Rollenspielen kann das Kind mit Hilfe weniger Requisiten in seiner Rollenfindung unterstützt und zur Nachahmung beobachteter Handlungsweisen angeregt werden. Besonders bei jüngeren Kindern ist der Erwachsene zunächst der beste Spielpartner. Er stellt sich auf den Rollenspielanfänger ein, ist tolerant und vermittelt ihm lustvolle Spielerfahrungen. Der Erwachsene ist dabei auch sprachliches Vorbild. Höflichkeitsformen oder neue Begriffe werden beiläufig im Spiel eingebunden, z. B. „Guten Tag, ich möchte bitte eine rote Paprika!"

Beim Arzt

Ab 2 Jahren

***Material:** Tasche oder kleiner Koffer, Verbandszeug, Watte, Pflaster, Dosen mit Cremeresten, leere Medikamentenschachteln und Pillendöschen*

Als Stethoskop dient eine leere Toilettenpapierrolle. Puppen, der Teddy oder die Bezugspersonen sind die Patienten.

Besuch kommt

Ab 2 Jahren

***Material:** Waschmaschinenkarton, Teppichmesser, Klebeband, Farben*

Aus dem Waschmaschinenkarton wird ein Spielhaus hergestellt: Dazu mit einem Teppichmesser Fenster und eine Tür hineinschneiden, die oberen Klappen zu einem Spitzdach auffalten und mit Klebeband befestigen, den Boden herausschneiden. Das Haus kann nun mit dem Kind zusammen angemalt werden. Wenn die Farbe getrocknet ist, wird das Haus eingerichtet, mit Tüchern, Decken, Kissen, einem stabilen Karton als Tisch, Kindergeschirr aus Plastik ... Nun kann der Besuch kommen!

Der Postbote kommt

Ab 2 Jahren

***Material:** ausgediente Umhängetasche, Briefumschläge, Reklame-Drucksachen, Formulare, Stempel und Stempelkissen, Stifte, alte Briefmarken, Ansichtskarten, Schuhkarton mit Deckel (mit einem Schlitz versehen und dem Postsymbol (Briefkasten))*

Symbole des täglichen Lebens erkennen bereits jüngere Kindern sehr schnell wieder, wenn sie wiederholt darauf aufmerksam gemacht werden.

Der Milchtopf und die Katze (überliefert)

Ab 2 Jahren

In der Küche auf dem Tisch,.	*Das Kind formt mit der Hand einen „Milchtopf". Die*
steht ein Topf mit Milch ganz frisch.	*Bezugsperson stellt mit zwei Fingern die Katze dar.*
Katze will sich dran erlaben,	
möchte von der Milch was haben.	
Steckt das Köpfchen in das Töpfchen und trinkt	*Zwei Finger verschwinden in der Hand des Kindes,*
und trinkt..	*kitzeln.*
O weh! Das Köpfchen will nicht mehr in die Höh!	*Das Kind hält die Finger fest …*
Mit dem Töpfchen auf dem Köpfchen	
läuft die Katze in den Schnee.	
Ist ein großer Stein gelegen,	
Katze stößt genau dagegen,	
geht das Töpfchen gleich entzwei,	
Mietzekatz ist wieder frei!	*Mit der flachen Hand auf den Oberschenkel klatschen.*

Nach dem ersten Spiel werden die Rollen getauscht.

Wo wohnt Mimi Möppelken?

Ab 2 Jahren

Erwachsener:	Wo wohnt Mimi Möppelken?
Kind:	Eine Treppe höher.
Erwachsener:	Wohnt hier Mimi Möppelken?
Kind:	usw.
Erwachsener:	Wohnt hier Mimi Möppelken?
Kind:	Ja, hier wohnt Mimi Möppelken.
Erwachsener:	Soll ich klingeln oder klopfen?
Kind:	Klingeln! (Klopfen!)

Die Finger der Bezugsperson wandern langsam den Arm des Kindes hinauf. Nach jeder Frage antwortet das Kind. Zum Schluss entscheidet das Kind, ob geklingelt (am Ohrläppchen ziehen) oder geklopft (an den Kopf klopfen) werden soll.

In unserm Häuschen
(Heinrich Hoffmann von Fallersleben)

Ab 2 Jahren

In unserm Häuschen
sind schrecklich viele Mäuschen,
sie trippeln und trappeln,
sie zippeln und zappeln,
sie stehlen und naschen,
und will man sie haschen, –
husch – sind sie weg!

Die Bezugsperson spricht den Vers und krabbelt dabei mit den Fingern schnell über den Körper des Kindes. Am Ende verschwinden die Hände auf dem Rücken. Nach mehrmaligen Wiederholungen können die Finger des Kindes und der Bezugsperson auch auf dem Tisch herumkrabbeln.

Spiele zu zweit

Mama, komm und spiel mit mir

(Melodie: Engelbert Humperdinck, Text: Adelheid Wette, von den Autorinnen bearbeitet)

Ab 2 Jahren

2. Kletter' nun auf deinen Rücken,
   musst dich einmal runterbücken,
   einmal hin und einmal her ...
3. Will auf deinen Schultern sitzen
   und an deinen Ohren kitzeln,
   einmal hin und einmal her ...
4. Und jetzt fliege ich ganz munter
   wieder auf den Boden runter,
   einmal hin und einmal her ...

Ich hüpfe (Text und Melodie überliefert)

Ab 2 Jahren

Das Kind versucht auf einem Bein zu hüpfen. An der entsprechenden Textstelle wird ein Familienmitglied oder ein Freund zum Hüpfen aufgefordert.

Pizza backen

Ab 2 Jahren

Das Kind liegt bäuchlings auf einer weichen Decke. Die Bezugsperson kniet daneben und übernimmt die Rolle des Pizzabäckers. Sie kommentiert ihr Tun und ahmt dabei alle Arbeitsgänge auf dem Rücken des liegenden Kindes nach:

Zutaten verkneten,	*Den Rücken mit beiden Händen massieren.*
Wasser hinzufügen,	*Leichte Bewegungen mit den Fingerspitzen.*
mit Mehl bestäuben,	*Kurze Streichbewegungen mit der flachen Hand.*
Teig ausrollen	*Unterarm auf den unteren Rücken drücken und nach oben bewegen.*
Teig aufs Blech legen	*Sanfte Zupfbewegungen an Schultern und Nacken.*
Mit Öl bestreichen	*Über den ganzen Rücken streicheln.*
Mit Tomaten belegen	*Mit der flachen Hand leicht klopfen.*
Mit Salami belegen	*Mit dem Daumen auf verschiedene Stellen drücken.*
Mit Käse bestreuen	*Schnelle, klopfende Bewegungen mit den Fingerspitzen.*

Wetter-Massage

Ab 2 Jahren

Das Kind liegt bäuchlings auf einer weichen Decke und die Bezugsperson kniet daneben. Dann ahmt die Bezugsperson das Wetter auf dem Rücken des Kindes nach:

Es tröpfelt, es tröpfelt.	*Fingerspitzen tippen sacht auf den Rücken,*
Es regnet, es regnet,	*Fingerspitzen klopfen vorsichtig auf den Rücken,*
es hagelt, es hagelt,	*Daumen drücken an verschiedenen Stellen,*
es blitzt,	*Handkante im Zickzack schnell über den Rücken ziehen,*
es donnert,	*mit den Fäusten abwechselnd drücken,*
dann bläst der Wind die Wolken wieder weg	*über Kopf und Hals pusten,*
und die Sonne scheint wieder.	*sanft über den Rücken streichen.*

Malspiele

Der Gockelhahn (Text: Autorinnen)

Ab 2 Jahren

Wo bleibt der Gickel, Gockelhahn,
der so munter krähen kann?
Wir malen ihn aus deiner Hand.
Auf den Daumen Aug' und Kamm
und zwei Beine unten dran.
Nun den Schnabel vorne hier,
kräht der Gockel „Kikeriki!"

Das Kind legt eine Hand mit gespreizten Fingern auf ein Blatt Papier. Die Bezugsperson spricht den Vers und zeichnet dabei mit einem Stift die Umrisse der einzelnen Finger sowie der ganzen Hand. Anschließend kann das Kind es mit der Hand des Erwachsenen probieren.

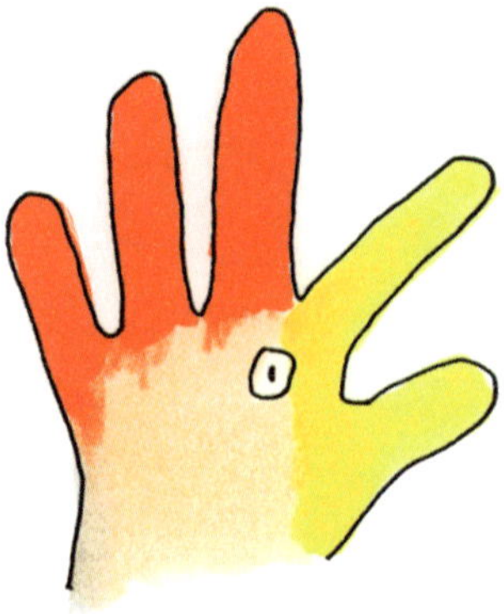

Das Rundgesicht (Text: Autorinnen)

Ab 3 Jahren

Punkt, Punkt, Komma, Strich,
fertig ist das Rundgesicht.
Und zwei kleine Beine dran,
dass es nun auch laufen kann.

Der Erwachsene spricht den Vers und malt dazu. Danach wird der Vers wiederholt und das Kind malt das Rundgesicht.

Das Küken (Text: überliefert)

Ab 3 Jahren

Ein Küken willst du?
das zeichne ich im Nu:
Zwei Ringe, fast rund,
ein Punkt ist das Aug',
ein Häkchen am Bauch.
Zwei Striche als Beine
und zwei Füße, ganz kleine.
Das Küken steht da
und ruft nach Mama.

Der Erwachsene spricht den Vers und malt dazu.

Der Drachen (Text: überliefert)

Ab 3 Jahren

Komm und hör mir einmal zu,
ich mal die Augen, das Viereck malst du.
Die Nase – ein Strich,
die male ich.
Der Mund ist ein halbes Rund.
Nun kommt noch ein langes Band daran,
mit Schleifen, dass er auch fliegen kann.
Ist es ein Rabe, eine Krähe, ein Storch?
Nein, nein, kein Vogel, horch nur horch.
Er kann auch fliegen und Reisen machen!
Das ist ein lustiger, bunter Drachen!

Der Erwachsene spricht den Vers und malt dazu. Zum Schluss kann das Kind den Drachen mit Fingerfarben bunt anmalen.

Der Osterhase (Text: überliefert)

Ab 3 Jahren

Ein großer Ball,
ein kleiner Ball,
oben dran zwei Schleifchen,
hintendran ein Schweifchen,
ringsherum viel grüne Gräschen –
fertig ist das Osterhäschen.

Der Erwachsene spricht den Vers und malt dazu. Danach wird der Vers wiederholt und das Kind malt dazu.

Die Raupe (Text: überliefert)

Ab 4 Jahren

Viele Kreise male ich,
der eine kriegt noch ein Gesicht.
Das ist ne Raupe, man kann es seh'n,
die will sogleich spazierengeh'n.
Damit sie das auch richtig kann,
mal ihr viele Beinchen dran.

Der Erwachsene malt fünf Kreise und spricht den passenden Reim dazu. Zum Schluss malt das Kind die Beinchen an die Raupe. Gemeinsam können viele Raupen über das Papier spazieren.

Empfehlenswerte Spielmaterialien

- Spielzeugtelefon oder ausgedientes Telefon
- Puppen und Zubehör
- Haushaltsgeräte für Kinder, z. B. Töpfe, Geschirr etc.
- Verkleidungskiste mit Taschen, Hüten, Gürteln, Schals
- Kaufladen mit Kasse und weiterem Zubehör
- Arztkoffer
- Kinderpost
- Spielhaus
- Holzeisenbahn mit Eisenbahnkelle
- Verkehrsteppich mit stabilen Autos
- Bauernhof mit Holztieren
- Baustelle: Schutzhelm, Schubkarre, Arbeitsweste

Zubehör und Requisiten für Rollenspiele finden sich in fast jedem Haushalt. Sie können gesammelt oder mit einfachen Mitteln selbst hergestellt werden.

Kindergartenkind 2

Bis etwa zum dritten Lebensjahr vollzieht sich die Entwicklung und Erziehung des Kindes im Wesentlichen in der Familie und in der nahen Umwelt. Je älter das Kind wird, desto häufiger kommt es mit anderen Kindern und Erwachsenen in Kontakt. Auf der Grundlage der ersten Beziehungen zu den Eltern und anderen engen Bezugspersonen knüpfen die Kinder neue Beziehungen. Im Kindergarten ergeben sich weitere Anregungen für die Entwicklung. Allerdings ist der Übergang des Kindes in eine außerfamiliale Einrichtung nicht immer ganz einfach: Trotz Vorfreude und Neugier können Gefühle von Verlust und Abschied aufkommen – bei den Eltern und dem Kind. Eltern sind manchmal verunsichert, ob ihr Kind den neuen Anforderungen gerecht wird und/oder erleben das Gefühl des Abschieds von einem Lebensabschnitt, in dem die Eltern-Kind-Beziehung besonders eng war. Das Kind muss aus der Sicherheit vertrauter Beziehungen hinaustreten und sich auf neue Begegnungen einlassen. Neben seiner bekannten Rolle in der Familie muss es sich die neue Rolle als Kindergartenkind in einer Gruppe, die bestimmte Anforderungen stellt, erobern. Die Eltern müssen akzeptieren, dass auch andere Personen für die Erziehung des Kindes zuständig sind. Werden die Kinder gut auf den Übergang vorbereitet (Bilderbücher betrachten, erste Besuche im Kindergarten) und bekommen Gelegenheit, sich Schritt für Schritt mit der neuen Situation vertraut zu machen (Eltern oder vertraute Bezugspersonen begleiten das Kind in der Eingewöhnungszeit), kann der Einstieg in die neue Lebensphase positiv gestaltet werden. Damit erhöht sich die Wahrscheinlichkeit, weitere markante Veränderungen im Leben erfolgreich zu meistern.

Anders als das Kleinkind sucht das Kindergartenkind nun die körperliche Belastung. Seine Freude an der Körperbeherrschung zeigt es beim Klettern, Balancieren und Springen. In einer Gruppe mit Gleichaltrigen machen ihm diese Aktivitäten besonders viel Spaß.

Im fortgeschrittenen Kindergartenalter kommt es zu einem echten gemeinsamen, ergänzenden Spiel und erste Freundschaften können sich jetzt entwickeln.

Im Rollenspiel bringt das Kind seine Erlebnisse und Erfahrungen spielerisch zum Ausdruck. Mit Hilfe seiner Fantasie spielt es z. B. Fernseherlebnisse nach und versucht so, seine Gefühle zu verarbeiten.

Das Kind lernt im Spielen – mit anderen, mit allen Sinnen und in Bewegung. Es kann sich immer länger konzentrieren, ist neugierig, es strengt sich gerne an und zeigt bei selbst gewählten Aufgaben große Ausdauer. Erwachsene können diese Kompetenzen durch Anregungen indirekt fördern, direkte Anleitungen durch Erwachsene braucht das ältere Kindergartenkind immer weniger.

2.1 Ene, mene, muh – was sagst du?

Zur Sprachentwicklung

Mit ca. drei Jahren benennt sich das Kind nicht mehr mit seinem Namen, sondern bezeichnet sich selbst mit „ich" und unterscheidet außerdem „meins" und „deins".

Am Ende des vierten Lebensjahres kann es bereits die schwierigen Laute ‚s', ‚sch' und ‚r' aussprechen. Hin und wieder bildet es korrekt den Plural wie „die Autos", „die Kinder" und verwendet Vergangenheitsformen, z. B. „Ich habe gespielt" oder „Wir haben Kuchen gegessen".

Mit vier Jahren erzählt das Kind kleine Geschichten und kann beschreiben, was die Figuren in seinen Bilderbüchern machen. Der Wortschatz hat sich auf ca. 1500 Wörter erweitert.

Im fünften Lebensjahr hat das Kind kaum noch Schwierigkeiten, das auszudrücken, was es sagen will. Es bildet immer längere Sätze. Die Grammatik des Kindes ist differenzierter geworden. Häufig treten jedoch noch Fehler auf, z. B. beim Gebrauch der Pronomen: „seine Ball" oder „unserer Auto". Bei der Verwendung der unterschiedlichen Zeitformen entstehen mitunter kuriose Ableitungen, die bisweilen von den Eltern später als Anekdoten erzählt werden, z. B.: „Mama, eine Biene hat mich gestachelt!" oder „Da haben wir geessen, getrinken und geskifahren!"

Das Kind kann die wichtigsten Körperteile benennen und deren Funktion erklären, Farben richtig zuordnen, Zahlen, Automarken und Tierarten benennen. Zur Verblüffung der Erwachsenen merkt sich das Kind komplizierte Redewendungen oder Werbesprüche. Gern übernimmt es auch Schimpfwörter oder umgangssprachliche Ausdrücke der Erwachsenen. Der Spracherwerb ist in diesem Alter in seinen Grundzügen abgeschlossen, der Wortschatz des Kindes umfasst ca. 2000 Wörter.

Im sechsten Lebensjahr kann das Kind nicht nur fehlerfrei sprechen, sondern auch anderen Begriffe erklären. Es kennt inzwischen bis zu 3000 Wörter. Auch wenn es nicht alle verwendet, so weiß es doch um deren Bedeutung. Die meisten Kinder sind in diesem Alter in der Lage, ihren Namen zu schreiben und bis zehn zu zählen. Das Interesse an Zahlen und Buchstaben ist groß.

Niklas (4;3) freut sich, denn heute will er mit seiner Oma zum See radeln. Der Picknickkorb ist schon gepackt. Jedes Mal ist auch ein Bilderbuch für Niklas mit dabei. Heute hat sie „Dexter Bexley und der große blaue Grobian"[1] mitgebracht.

Niklas ist nach dem Vorlesen ganz begeistert: „Dexter Bexley", das ist ja ein lustiger Name!" ruft er, „und wie er mit dem blauen Grobian umgeht, super!" Plötzlich springt Niklas auf, er hat eine Idee: „Oma, wenn wir gleich zurückfahren, dann machen wir auch ‚Jogurtkaramellbananeneisnachtisch", wie Dexter Bexley!"

1 *Stewart, Joel (2007): Dexter Bexley und der große blaue Grobian, Hildesheim, Gerstenberg*

Tipps zur Unterstützung der Sprachentwicklung

Im 4. Lebensjahr

- Sprachvorbild sein: Dem Kind Zeit beim Sprechen lassen und ihm geduldig zuhören. Das Kind nicht unterbrechen und in seinem Erzählstil kritisieren.
- Zum Sprechen anregen: Das Kind dazu auffordern, den Ablauf des vergangenen Tages oder Wochenendes zu schildern und der Reihe nach zu erzählen.
- Sprachspiele anregen: Mit dem Kind lustige Wörter erfinden, z. B. den (Spiel)figuren in Rollenspielen oder Bilderbuchgeschichten „sprechende" Namen geben, z. B. erhält der Stoffhase den Namen „Wuschel", weil er so ein weiches Fell hat.
- Bilderbücher anschauen: Bei Drei- bis Vierjährigen ist das Denken noch sehr an konkrete Erfahrungen gebunden. Realistische Bilderbuchgeschichten helfen Kindern dabei, sich ein Bild von der Welt zu machen. Bilder und Text müssen sich an den Erfahrungen der Kinder orientieren und nicht nur einseitig aus der Sicht des Erwachsenen gestaltet sein.

Im 5. Lebensjahr

- Rollenspiele anregen: Im Rollenspiel kann das Kind verschiedene Einstellungen erfahren, durchdenken, eigene Meinungen zum Ausdruck bringen, Konfliktlösungsmöglichkeiten erproben und Toleranz entwickeln. Dazu Erlebnisse schaffen, die vom Kind durch Rollenspiele vertieft werden können, z. B. durch Bilderbücher, Bilderbuchkino in Bibliotheken, Kindertheateraufführungen, Filme, Museumsbesuche, Ausflüge in den Zoo o. Ä.
- Raum schaffen für Gespräche über Gefühle: Vier- bis Fünfjährige können bereits gut über sich selbst reflektieren. Realistische oder fantastische Bilderbuchgeschichten, in denen die Handlungsträger das erfahren, was sie selbst in ihrem Alltag erleben, sind eine gute Anregung für Gespräche, in denen das Kind die Möglichkeit bekommt, über das zu sprechen, was es gerade besonders bewegt.
- Mit der Sprache spielen: „Lügengeschichten" oder „Lügengedichte" fördern Aufmerksamkeit und Kritikfähigkeit des Kindes; Kinderreime oder Zungenbrecher üben Sprachwahrnehmung und Sprechfertigkeit.
- Hörspiele bzw. Hörbücher: Das bewusste Hören differenzierter Sprachmuster vergrößert den Wortschatz und fördert Fantasie und Kreativität.
- Edutainment-Spiele und CD-Roms: Bei der Auswahl auf die entsprechende Altersgruppe, Alterskennzeichnung und pädagogische Eignung achten. Das Kind nicht allein am Computer sitzen lassen, sondern gemeinsam spielen. Mit dem Kind über das Computerspiel sprechen. Regeln festlegen, z. B. nicht vor dem Schlafengehen, nur ca. 30 Minuten pro Tag (inkl. Fernsehen).

Im 6. Lebensjahr

- Die Sprache ist das wichtigste Kommunikationsmittel, daher ist es wichtig, dem Kind Raum zu geben, seine Wünsche und Ziele zu äußern und diese möglichst auch zu begründen.
- Feste Vorlesezeiten in der Familie einrichten: Nur so kann eine „Gesprächskultur" entwickelt werden, die zur intensiven Kommunikation beiträgt.
- Rituale rund ums Buch: Der selbstverständliche Umgang mit den verschiedensten Druckerzeugnissen sollte gefördert werden. Das Kind bekommt ein Regal, in dem es die eigenen Bücher aufstellt, es besucht gemeinsam mit den Eltern die Bibliothek, erhält einen eigenen Leihausweis.

Sätze verzaubern – Sprach- und Erzählspiele

Superlanger Schlangensatz

Ab 5 Jahren

Der Erwachsene beginnt mit einem Satz, z. B. „Die Katze schleicht durch das Gras." Nun ist das Kind an der Reihe. Es wiederholt den Satz, fügt aber ein Detail hinzu: „Die schwarze Katze schleicht durch das Gras." „Die schwarze Katze schleicht durch das hohe Gras ..." Nach mehrmaligen Wiederholungen wird das Kind selbst „superlange Schlangensätze" erfinden.

Zur Stärkung des Kurzzeitgedächtnisses.

Zungenbrecher

Acht alte Ameisen aßen am Abend Ananas.
Ananas aßen am Abend acht alte Ameisen.

Sätze verzaubern

Ab 5 Jahren

Einzelne Wörter oder Satzteile werden geändert: Der Erwachsene beginnt z. B.: „Emil fährt mit dem Fahrrad zu Lilli." Das Kind verzaubert den Satz in „Emil fährt mit dem Bus zu Lilli." usw.

Zum Erkennen von Satzstrukturen und Wortarten.

Ich packe meinen Koffer

Ab 5 Jahren

Reihum nennt jeder Mitspieler einen Gegenstand, der in den Koffer gepackt wird, wobei er den jeweils vorher genannten Gegenstand wiederholen muss.

Zum Training des Kurzzeitgedächtnisses.

Zungenbrecher

Klaus Knopf kocht Knödel, Klöße, Klopse.
Klopse, Klöße, Knödel kocht Klaus Knopf.

Der verrückte Küchenchef

Ab 5 Jahren

Die Familie veranstaltet einen Wettbewerb, wer das lustigste Menü zusammenstellen kann, und zwar Vorspeise – Hauptgericht – Nachspeise. Dabei gelten nur essbare Speisen. Jeder Koch macht drei Menüvorschläge, z. B. Pommessuppe, Grüne Spagetti mit Salzstangensalat, Möhreneis mit Lakritzsoße. Wer sich das lustigste Menü ausgedacht hat, erhält den Titel „Der verrückte Küchenchef".

Zu Besuch bei Frau Zunge

Ab 3 Jahren

Der Erwachsene spricht den Vers, führt dabei die entsprechenden Bewegungen aus, während das Kind die Bewegungen nachahmt.

Frau Zunge wohnt in einem Haus	
und schaut auch mal zum Fenster raus.	*Zunge ausstrecken,*
Sie läuft nach oben und auch runter	*Zunge im Gaumen nach unten und oben führen,*
und winkt der Nachbarin ganz munter.	*Zunge ausstrecken, hin und her bewegen,*
Sie putzt die Zähne außen, innen	*mit der Zunge über die Zähne fahren,*
und fegt die Backen auch von innen.	*mit der Zunge an der Mundinnenwand entlangfahren,*
Sie lacht dabei und ist ganz froh	*lachen,*
und macht auch zwischendurch mal so ...	*Grimasse schneiden,*
Den Staubsauger nimmt sie sodann.	*Backen aufblasen,*
Ihr Häuslein wackelt ab und an.	*aufgeblasene Backen bewegen,*
Am Abend legt sie sich zur Ruh	*Zunge locker auf die Unterlippe legen,*
und schließt ganz schnell ihr Häuslein zu.	*Mund schließen.*

Übt die Motorik der Sprechwerkzeuge.

Zungenbrecher

Zehn zottelige Ziegen ziehen zum Zoo.
Zum Zoo ziehen zehn zottelige Ziegen.

Fritz-Fratz-Friederich

Ab 4 Jahren

Eltern und Kinder rhythmisieren ihre Vornamen durch Klatschen, unterschiedliche Tonhöhen und Lautstärken, z. B. „An-to-ni-a!" „Ju-li-us!"
Auch kurze Reime oder Sprüche aus Geschichten und Märchen können rhythmisch gesprochen werden, z. B.:

Fritz – Fratz – Frie-de-rich,
war-um bist du so lie-der-lich?
Ich bin doch gar-nicht lie-der-lich.
Ich heiß nur Fritz-Fratz-Frie-de-rich!

Zur Erfassung des Sprechrhythmus und der Sprechmelodie.

Zungenbrecher

Es klapperten die Klapperschlangen,
bis ihre Klappern schlapper klangen.

Rätselreime & Lügengeschichten

Im alten Apfelbaum

Ab 4 Jahren

Die Kinder erzählen realistische oder fantastische Geschichten. Als Impuls fürs Erzählen wird ein Satz vorgegeben, z. B. „In dem alten Apfelbaum, der hinter unserem Haus steht, wohnt das Apfelmännchen ..." oder „Als ich heute morgen zum Briefkasten ging, stand dort ein großes Paket ..."

Katze mit Hut

Ab 5 Jahren

Material: Bildkarten (Memory-Spiel)

Aus verdeckten Bildkarten (z. B. Memory-Spiel) werden drei Karten gezogen, aus denen eine Geschichte erzählt werden soll, z. B. Katze – Hut – Flugzeug.

Rätselreim

Er hält sich gern im Garten auf
dicht beim Kompost und Blätterhauf.
Ist gar nicht glatt wie'n Spiegel,
nein stachlig gar, es ist ein ...
(Igel)

Bunte Geschichten

Ab 5 Jahren

Material: 8 bis 10 Farbkarten, Kreide

Die Spieler sitzen im Kreis. Jeder zieht eine Farbkarte und muss sich seine Farbe merken. Anschließend sammelt der Erwachsene alle Karten ein. In der Kreismitte wird mit Kreide ein kleiner Kreis gezeichnet. Der Erwachsene wirft nun die Karten in die Luft. Der Spieler, dessen Farbkarte im Kreidekreis liegen bleibt, muss nun eine kleine Geschichte erzählen, in der seine Farbe mindestens dreimal vorkommt.

Geburtstagsgeschenk

Ab 6 Jahren

Die Spieler sitzen im Kreis. Jeder flüstert seinem linken Nachbarn ins Ohr, was er ihm gerne schenken würde und dem rechten Nachbarn, was er mit diesem Geschenk machen soll. Danach erzählen alle nacheinander von ihren Geschenken und den kuriosen Tätigkeiten, die sie damit ausführen sollen, z. B. „Ich bekomme eine Taucherbrille und soll damit Fußball spielen."

Das Dingsda

Ab 5 Jahren

Material: Gegenstände aus dem Haushalt oder Spielzeuge

Es werden zwei Teams gebildet, z. B. Kinder und Eltern oder Mädchen/Frauen und Jungen/Männer. Jedes Team sucht sich mehrere Gegenstände, die von dem anderen Team nicht gesehen werden dürfen. Dann wird in jeder Spielrunde ein Gegenstand beschrieben, ohne den Namen zu nennen, z. B. „Mit meinem Dingsda kann man essen!" Das andere Team muss den Gegenstand erraten. Das Team, das die meisten Gegenstände errät, hat gewonnen.

Lügengeschichten

Ab 5 Jahren

Im Familienkreis kann das Erfinden von „Lügen- oder Unsinngeschichten" recht unterhaltsam sein, denn Kinder haben immer wieder Spaß daran, ganz bewusst etwas umzukehren. Absichtlich lassen sie den Hund krähen oder die Katze bellen und lachen, wenn die Erwachsenen sich darüber wundern.

Dunkel war's, der Mond schien helle (überliefert)

Ab 6 Jahren

Ältere Kindergartenkinder durchschauen bereits die sprachliche Konstruktion von „Lügenreimen", die zwei an sich widersprüchliche Begriffe miteinander verbinden.

Dunkel war's, der Mond schien helle,
Schnee lag auf der grünen Flur,
als ein Wagen blitzeschnelle
langsam um die Ecke fuhr.

Drinnen saßen stehend Leute,
schweigend ins Gespräch vertieft,
als ein totgeschossner Hase
auf dem Wasser Schlittschuh lief.

Und auf einer grünen Bank,
die rot angestrichen war,
saß ein blondgelockter Jüngling
mit kohlrabenschwarzem Haar.

Neben ihm 'ne alte Schrulle,
zählte kaum erst sechzehn Jahr,
in der Hand 'ne Butterstulle,
die mit Schmalz bestrichen war.

Droben auf dem Apfelbaume,
der sehr süße Birnen trug,
hing des Frühlings letzte Pflaume,
und an Nüssen noch genug.

Rings herum herrscht tiefes Schweigen
und mit fürchterlichem Krach
spielen in des Grases Zweigen
zwei Kamele lautlos Schach.

Empfehlenswerte Spielmaterialien

- Kaspertheater und andere Theaterbühnen
- Handspielfiguren
- Verkleidungsrequisiten, z. B. Krone, Tücher, Gürtel, Spiegel, Zauberstab, Modeschmuck, Schminke, „Schatzkästchen"
- Bilder-Puzzle
- Memory

Puppenbühne aus Stühlen

Ab 4 Jahren

Material: 2 Stühle, 4 Handtücher oder 2 Bettlaken, 1 Besenstiel

Zwei gleich große Stühle so gegenüber aufstellen, dass die Sitzflächen eine Ebene bilden. Über beide Stuhlrücken ein Handtuch hängen und ein weiteres Handtuch über die Stuhlsitze breiten. Den Besenstiel über die Stuhllehnen legen und ein weiteres Handtuch darüber ausbreiten.
Für die Aufführung wird einfach das Handtuch, das über dem Besenstiel liegt, ein wenig hoch gehoben, sodass der Spieler mit den Handpuppen zwischen die Bühne und den Hintergrund schlüpfen kann.

Tipp: Zusätzlich können aus farbigem Papier Kulissen ausgeschnitten und mit Klebeband vorsichtig an der Handtuch-Bühne befestigt werden.

Märchen-Papiertheater

Ab 5 Jahren

Die Kinder fertigen zu einem bekannten Märchen Flachfiguren aus dünner Pappe, an denen Schaschlikstäbe oder Trinkhalme als Führungsstäbe befestigt werden (siehe Skizze). Als Bühne dient ein Schuhkarton oder ein großer Pappkarton: eine Bühnenöffnung sowie seitlich zwei Öffnungen zum Durchführen der Figuren ausschneiden. Mit Hilfe von Papierlaschen können an der hinteren Rückwand des Kartons selbst gemalte Kulissen aufgehängt werden.

Bauchladentheater

Ab 5 Jahren

Material: 1 Pappkarton, Schnur, Zeichenkarton, Karteikartenkarton, Schere, Klebestreifen, Buntstifte oder Filzstifte

Als Bühne dient ein Bauchladen, der aus einem Pappkarton gefertigt und durch Halteschnüre rechts und links oben um den Hals des Kindes gehalten wird (siehe Skizze). Die Vorderseite kann bemalt oder beklebt werden.
Zur Bühnenausstattung Versatzstücke, Seitenkulissen und Figuren, die sich nicht häufig oder nur seitwärts bewegen, aus stärkerem Papier ausschneiden und mit einem Pappstreifen zum Einstecken versehen. Zur Halterung der Figuren und Teilkulissen wird ein Streifen aus Zeichenkarton an der Oberkante des Kartons mit Klebestreifen angebracht.
Fingergroße Flachfiguren aus Karteikartenkarton gestalten. Auf der Rückseite einen Pappstreifen oder

ein Schaschlikholz zum Halten ankleben (so lang, dass die Figur ggf. auch in den Steckstreifen gesteckt werden kann).

Kochlöffelfigur

Ab 4 Jahren

Material: 1 Kochlöffel aus Holz, Schaumstoff, stabiler Draht, Stoffreste, Wolle, Schere, Filzstifte, Klebstoff

Einen stabilen Draht als Arme um den oberen Teil des Kochlöffelstiels biegen und an den Enden rechts und links Schaumstoffreste als Hände aufstecken. Auf der Rückseite der Löffelfläche ein Gesicht aufmalen, aus Wolle eine Frisur aufkleben. Aus einem quadratischen Stück Stoff (doppelte Stiellänge als Seitenmaß) ein Kleid herstellen und überziehen.

Mit Hilfe der Köchlöffelfigur können kleine Geschichten aus der Perspektive einer Figur nacherzählt werden. Kommen zwei Figuren zum Einsatz, werden Dialoge gestaltet.

Szenarien-Kasten

Ab 5 Jahren

In einen Schuhkarton ein Loch als Bühnenöffnung hineinschneiden. Nun können im Inneren kleine Szenen aus Märchen oder Bilderbuchgeschichten nachgebaut bzw. Fantasielandschaften gestaltet werden, z. B. ein Zauberwald oder eine Unterwasserlandschaft. Mit Holztieren oder Playmobilfiguren wird die Szene belebt.

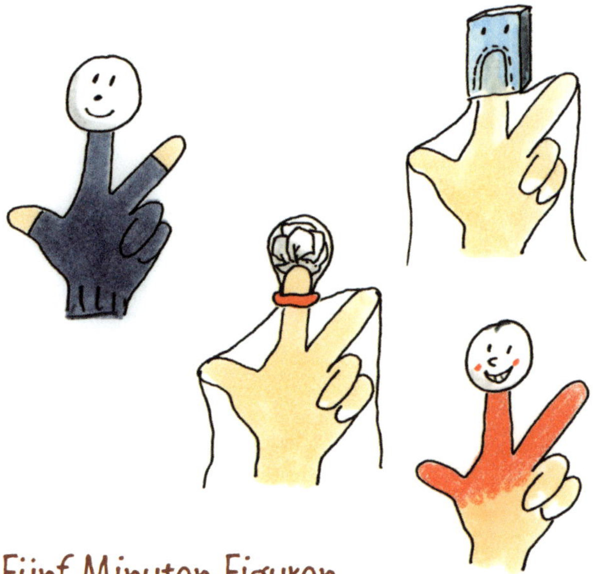

Fünf-Minuten-Figuren

Ab 4 Jahren

Material: Papier, Gummiring, Taschentuch, Streichholzschachtel, Gummiball oder Styroporkugel, Handschuh, Wolle, Farbstifte

1. Papier zusammenknüllen, ein Taschentuch über den Zeigefinger legen und den Kopf mit einem Gummiring befestigen (siehe Skizze).
2. Auf die Hülle einer Zündholzschachtel ein Gesicht aufmalen, Taschentuch über die Hand legen und die Streichholzschachtel auf den Zeigefinger stecken (siehe Skizze).
3. Einen Gummiball oder eine Styroporkugel als Kopf gestalten, Fingerhandschuh anziehen (oder die Hand bemalen) und die Kugel als Kopf auf den Zeigefinger setzen (siehe Skizze).

2.2 Die ganze Welt und noch viel mehr

Zur kognitiven Entwicklung

> Heute besucht Jonas (5;2) mit seinen Eltern das Naturhistorische Museum in der Stadt. Es ist der „Tag der Artenvielfalt". Da kann man echt viele Tiere sehen. Riesengroße Dinosaurier, die es nur früher gab, aber auch Pinguine und Schmetterlinge und unendlich viele Insekten. Ganz besonders interessiert Jonas sich für die Wasserkäfer. Einige hat er schon zu Hause im Gartenteich gesehen. Aber er wusste nicht, dass es so viele verschiedene gibt, mit langen Fühlern oder mit schillernden Flügeln. Da, den Dicken, den kennt er, das ist ein „Gelbrandkäfer", den hat er schon durch seine Becherlupe ganz genau beobachtet. Gleich morgen will er noch mal zum Teich gehen. Bestimmt gibt es da noch mehr Käfer zu entdecken.

Das Kind im jüngeren Kindergartenalter lernt verblüffend leicht und viel. Je mehr Erfahrungen es bisher sammeln konnte, desto mehr Situationen kann es sich auch vorstellen. Diese bildhaften Vorstellungen sind nun im Gedächtnis gespeichert und können willentlich reproduziert werden. Trotzdem treten mitunter Erinnerungslücken auf, die durch Wunschdenken oder fantasievolle Erzählungen vom Kind ausgeglichen werden, ohne dass es ihm bewusst wird. Erwachsene glauben dann, das Kind würde lügen, obwohl es bestimmte Situationen nur selektiv (in Teilen) wahrgenommen oder die zeitliche Abfolge verwechselt hat. An eindrucksvolle Ereignisse, die ca. ein Jahr zurückliegen, kann sich das Kind in erstaunlich vielen Einzelheiten erinnern.

Spiel ist Lernen und Lernen ist Spiel, das heißt, dass auch im Kindergartenalter noch alle Lerninhalte anschaulich und konkret in spielerische Tätigkeiten und Handlungen eingebettet sein müssen. Sprachliche Anleitungen zur Lösung von Aufgaben, z. B. Spielregeln, müssen praktisch erprobt werden. Mit Hilfe von Klang, Rhythmus, Reim und Bildern merkt das Kind sich mühelos lange Gedichte und Geschichten.

Im vierten Lebensjahr möchte das Kind den Grund der Dinge und ihre Zusammenhänge erfahren. Diese Phase wird deshalb auch als „Warum-Phase" oder zweites Fragealter bezeichnet. Dabei geht es dem Kind nicht so sehr um die Wissenserweiterung, sondern vielmehr um die Orientierung in seiner Umgebung, zur eigenen emotionalen Sicherheit.

Das Kind hat nun auch eine gewisse Distanz zu den Dingen und möchte seinen eigenen Standpunkt finden. Es denkt viel nach und zieht Schlussfolgerungen, die dem Erwachsenen mitunter unsinnig erscheinen. Es denkt über Verhaltensweisen anderer Menschen nach und hinterfragt alltägliche Gepflogenheiten und Handlungsweisen. Vorstellungs- und Fantasiewelt werden reicher und stärker mit Gefühlen besetzt, was sich im kreativen Rollenspiel widerspiegelt. Zwischen vier und fünf Jahren können manche Kinder schon bis weit über zwanzig zählen, jedoch nur eine Menge von vier bis fünf erfassen. Dies macht deutlich, dass das Kind den tatsächlichen Zahlenraum noch nicht begreift, sondern evtl. nur erraten hat. Die Warum- und Wie-Fragen sind auch im fünften Lebensjahr noch wichtig. Selbst wenn die Fragen von Erwachsenen nicht immer beantwortet werden können, so ist es doch für das Kind ein Spiel, das sein Weltbild erweitert.

Zwischen fünf und sechs Jahren zeigt das Kind besondere Initiative, alles Neue in seiner Umgebung kennenzulernen. Es erfasst nun auch abstraktere Begriffe von Raum, Zeit und Zahlen. Es kann z. B. Tage, Monate und Jahre benennen, es kennt die Bedeutung von „morgen", sein eigenes Alter und kann das Alter anderer Kinder schon in etwa einschätzen.

Tipps zur Unterstützung kreativer Denkprozesse

- Das Kind und seine Wahrnehmungen ernst nehmen: Fragen des Kindes verständlich beantworten und das Kind zu neuen Fragen anregen; Interesse für die Tätigkeiten des Kindes zeigen, neue Interessensfelder eröffnen und es zu neuen Tätigkeiten anregen.
- Das Kind zum Selbsttun ermutigen: Dem Kind viele Gelegenheiten geben, eigenständig Entscheidungen zu fällen und möglichst nur als Berater helfend zur Seite stehen; das Kind ermuntern, ein Material auf neuartige Weise zu verwenden oder ein Problem auf ungewohnte Weise zu lösen; das Kind dabei unterstützen, begonnene Tätigkeiten fortzusetzen bzw. zu Ende zu bringen.
- Eigenaktivitäten des Kindes respektieren: das aktive Spiel des Kindes möglichst nicht unterbrechen.
- Das Kind bei alltäglichen Arbeiten und besonderen Aktivitäten mit einbeziehen: z. B. „Wir wollen heute die Wäsche in die Waschmaschine stecken. Zuerst müssen wir alles sortieren." „Wir wollen heute Nudeln mit Tomatensoße kochen. Was müssen wir einkaufen?" „Was müssen wir für den Schwimmbadbesuch einpacken?"
- Die nähere und weitere Umgebung erkunden: Mit dem Kind die wichtigsten Tiere und Pflanzen der näheren Umgebung beobachten, z. B. bei Wanderungen und Spaziergängen in der Natur, dabei eine topografische Karte (Maßstab 1: 25.000) zu Rate ziehen, damit das Kind den Wegverlauf nachvollziehen kann.
- Sicher im Straßenverkehr: Mit dem Kind das richtige Verhalten im Verkehr trainieren, auf Gefahrenquellen aufmerksam machen und das Sicherheitsbewusstsein schulen.
- „Ich geh in den Kindergarten und du ...?" – Wo sind die Eltern, wenn das Kind im Kindergarten ist? Wenn möglich, dem Kind die Arbeitsbereiche der Eltern zeigen und erklären.
- Heute – morgen – gestern: Im Kinderzimmer einen Wandkalender aufhängen und mit dem Kind Festtage durch kleine Bilder oder Symbole kennzeichnen.
- Wissen schaffen: Dem Kind Sachbilderbücher und Bilderlexika als Informationsmaterial anbieten, damit es schon früh erkennt, woher man Wissen beziehen kann.
- Spüren lernen: Die Wahrnehmung des Kindes in allen Sinnesbereichen durch differenzierte Sinnesspiele verfeinern.

Such- und Sortierspiele

Kuckucksei

Ab 5 Jahren

Material: 1 Karton, 1 alter Strumpf, Tacker

Seitlich in den Karton ein Loch schneiden und mit einem dehnbaren Stück Stoff (z. B. Strumpfende) als Eingriffsstutzen versehen (antackern).

Sechs bis acht Gegenstände in den Karton legen, die bis auf einen zur gleichen Kategorie gehören (z. B. Spielfahrzeuge, aber ein Stofftier; verschiedene Obstsorten, aber nur eine Gemüsefrucht). Die Mitspieler erraten, welcher Gegenstand das Kuckucksei ist, also nicht dazugehört.

Rätselreim

Ich liebe die Kälte und bin ganz fest.
Du siehst das Wasser nur,
wenn du mich schmelzen lässt.
(Eis)

Überraschungseier-Memory

Ab 5 Jahren

Material: mindestens 10 Überraschungsei-Hüllen, verschiedene Materialien wie Sand, Steinchen, Perlen, Suppennudeln, Maiskörner etc.

Jeweils zwei leere Überraschungseier-Hüllen mit den gleichen kleinen Materialien füllen und alle Eier in einen Schuhkarton legen.

Durch Schütteln muss der Spieler herausfinden, welche Paare zusammenpassen.

Zaubermagnet

Ab 3 Jahren

Material: 1 starker Magnet, 1 Nagel (oder ein anderes Teil aus Eisen), 1 durchsichtiger Schlauch mit möglichst großem Durchmesser (im Baumarkt oder im Aquariengeschäft erhältlich)

Den Schlauch an der Wand befestigen. Den Magneten auf einem Holzstück aufkleben, damit das Kind diesen leichter halten kann. Nun wird der Nagel in den Schlauch gesteckt und der Magnet von außen an den Schlauch geführt. Wer schafft es, den Nagel bis zum anderen Ende durch den Schlauch zu führen?

Im Zoo

Ab 5 Jahren

Material: Tablett, 10 Gummiringe, Tierfiguren

10 Gummiringe auf den Tisch legen und jeweils eine Tierfigur hineinstellen. Ein Mitspieler hält sich die Augen zu, während der andere die Tierfiguren austauscht. Danach muss geraten werden, welche Tiere ihre Plätze gewechselt haben.

Pack hier eins hin, pack da eins hin …

Ab 3 Jahren

Material: Schüssel, Eierschachteln, viele verschiedene Knöpfe oder andere Kleinteile

In einer Schüssel liegen verschiedene Knöpfe, die nach bestimmten Kriterien wie Farbe, Form, Größe, Gewicht etc. in Eierschachteln sortiert werden.

Tischlein, deck dich

Ab 4 Jahren

Material: Augenbinde oder Tischtuch, Tablett mit ausgewähltem Geschirr und Besteck, Spielmaterialien

Die Mitspieler sitzen um einen Esstisch. Auf einem Tablett befinden sich verschiedene Gegenstände, z. B. Teller, Tasse, Löffel, Kerze, Vase, Teddy, Auto. Ein Spieler bekommt die Augen verbunden, ein anderer wählt einen Gegenstand aus und stellt ihn auf den Tisch. Dabei spricht er folgenden Vers:

Wickel, wockel, wackelich,
zickel, zockel, zackelich,
Tischlein, Tischlein, decke dich!

Durch Tasten muss der Spieler mit verbundenen Augen erraten, um welchen Gegenstand es sich handelt und ob dieser auf einen gedeckten Esstisch gehört.

Rätselreim

Hoch am Himmel kannst du mich seh'n,
wenn das Wetter ist nicht mehr ganz so schön.
Durch viele Regentropfen werde ich groß,
sind sie zu schwer – lasse ich sie los.
(Wolke)

Ketten fädeln

Ab 4 Jahren

Material: Holzperlen in verschiedenen Farben, 1 Schnur

Nach einer vorher bestimmten Farbreihenfolge fädelt jeder seine Perlen zu einer Kette auf.

Variante: Ebenso können farbige Papierstreifen nach einer festgelegten Reihenfolge als kleiner Teppich verwebt werden.

Weniger ist mehr

Ab 5 Jahren

Material: 2 Schalen mit 20 Perlen, Murmeln oder Knöpfen

Zwei Spieler spielen gegeneinander. Jeder hat eine Schale mit 20 Perlen. Der erste Spieler greift mit beiden Händen in seine Schale, nimmt Perlen auf, schließt die Hände zu Fäusten und hält sie seinem Gegenspieler mit der Frage hin: „Viel oder wenig?" Dieser tippt nun auf eine Hand und sagt z. B. „Wenig!" Die Hände werden geöffnet. Stimmt die Antwort, sind also in der bezeichneten Hand weniger Perlen als in der anderen Hand, so muss der fragende Spieler seine Perlen zurücknehmen. Ist die Antwort falsch, bekommt der ratende Spieler die Perlen. Er setzt das Spiel fort. Wer zuletzt die wenigsten Perlen hat, ist Sieger.

Tisch decken

Ab 4 Jahren

Das Kind erhält die Aufgabe, den Tisch für vier Personen mit Tellern, Gläsern und Besteck zu decken. Ebenso können Früchte, Süßigkeiten, Getränke u. a. m. für eine bestimmte Anzahl von Personen verteilt werden.

Forscherspiele

Farbthermometer

Ab 5 Jahren

Material: großes Thermometer für den Außenbereich, gleich langer Pappstreifen (5 cm breit), Farbstifte, Bindfaden, Holzperle, farbige Papierstreifen für die Farbeinheiten (5 x 10 Zentimeter)

Für je 5 Grad der Temperaturskala des Thermometers eine Farbe festlegen und diese mit Farbstiften auf den Pappstreifen übertragen. Den Pappstreifen an der schmalen Seite einkerben, die Perle auffädeln und den Faden in die Kerbe des Pappstreifens legen. Beide Thermometer in Kinderhöhe an der Wand befestigen. Das Kind markiert die täglich gemessene Temperatur mit der Perle auf der Farbskala.

Variante: Die Temperatur an unterschiedlichen Orten messen und dort passende Farbstreifen hinterlassen. Nach einiger Zeit die Temperaturen vergleichen.

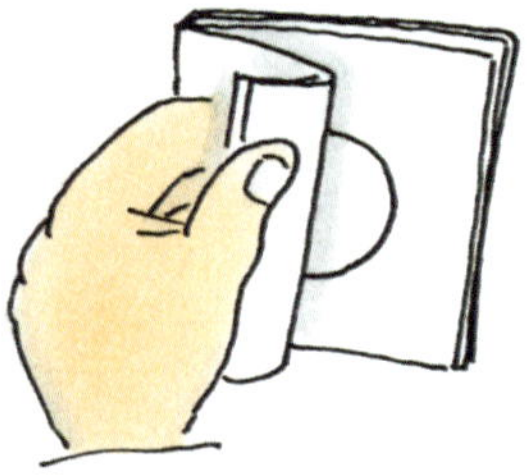

Mond-Daumenkino

Ab 5 Jahren

Material: 16 gleich große Rechtecke aus dickem Papier oder leichtem Karton (ca. 8 x 5 cm), Schere, Klebstoff

Auf jedes der Rechtecke in die rechte Hälfte ein Mondbild aufmalen (siehe Skizze). Die 16 Mondbilder sortieren, das Vollmondbild mit der 1 liegt oben. Alle Karten an der linken Kante fest aufeinander kleben und das Daumenkino gut trocknen lassen. Nun kann man die Seiten schnell durchblättern lassen und dabei den „Mondkreislauf" beobachten.

Wetterscheibe

Ab 4 Jahren

Material: feste, runde Pappscheibe (40 cm Durchmesser); Zeiger aus Pappe, Musterbeutelklammer, Buntstifte, Bindfaden

Die Pappscheibe in sechs gleich große Segmente teilen. In jedes Sechstel mit Buntstiften die Wettersymbole für Nebel, Regen, Sonne, Wind, Schnee und Wolken malen. Den Zeiger mit einer Musterbeutelklammer in der Mitte befestigen. Den Faden anbringen und die Wetterscheibe in Augenhöhe des Kindes aufhängen, damit es die Wetterscheibe täglich markieren kann.

Sonnenei

Ab 5 Jahren

Material: 1 rohes Ei, schwarzes Papier, 1 Holzbrett, Alufolie, 1 kleines Marmeladenglas, 1 größeres Einweckglas

Das Ei in schwarzes Papier wickeln, auf eine mit Alufolie bezogene Holzunterlage legen und darüber ein Glas stülpen. Darüber ein noch größeres Glas stülpen, z. B. ein Einmachglas. Diesen Aufbau in die Sonne stellen. Nach ca. einer Stunde ist das Ei gekocht.

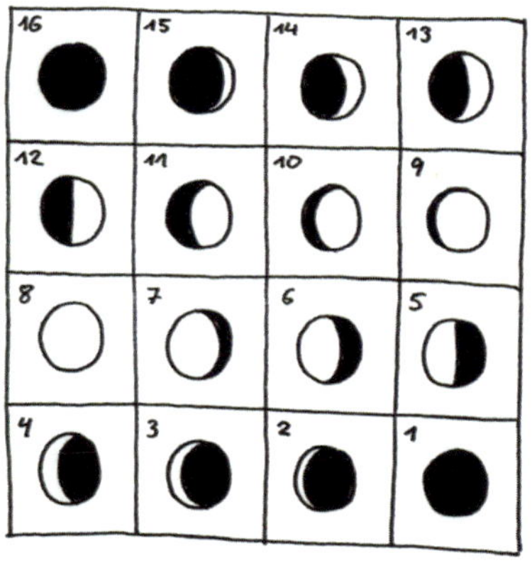

Blauer Sellerie

Ab 5 Jahren

Material: 1 Glas mit Wasser, blaue Speisefarbe, 1 Küchenmesser, 1 dicker Staudenselleriestiel mit Blättern

Den Stiel ein bis zwei Tage liegen lassen, bis die Blätter schlaff herunterhängen. Vom Ende des Stiels mit dem Küchenmesser ein Stückchen gerade abschneiden. Ein paar Tropfen Speisefarbe in das Wasser geben und den Stängel hineinstellen. Der Stängel saugt das farbige Wasser so schnell wie möglich ein und ist am Ende des Tages ganz blau.

Assel-Labyrinth

Ab 4 Jahren

Material: 1 flacher Karton (z. B. von Cornflakes), Klebefilm, Schere, 1 Glas mit Deckel, 2 Pinsel, Baumblätter

Den Karton oben zukleben, dann die Vorderseite abschneiden. Diese Vorderseite in drei gleichbreite Streifen zerschneiden und die Streifen so mit dem Klebefilm im Karton befestigen, dass mehrere Gänge entstehen. In eine Ecke des Labyrinths einige kleine Blätter legen. Unter großen flachen Steinen oder alten Aststücken werden nun einige Asseln gesucht. Um sie nicht zu verletzen, werden sie vorsichtig mit zwei Pinseln in das Glas gesetzt und zum Labyrinth gebracht. Die Asseln weit weg von den Blättern in das Labyrinth setzen. Nun kann man gut beobachten, wie sie auf Futtersuche gehen.

Nach der Beobachtung unbedingt die Asseln wieder dorthin bringen, wo sie gefunden wurden, denn dort fühlen sie sich am wohlsten!

Luftballontanz

Ab 5 Jahren

Material: 2 Luftballons, 1 Bindfaden (ca. 1 m lang), 1 Wolltuch oder Wollschal

Die Luftballons etwa gleich groß aufpusten und jeweils an ein Ende des Bindfadens knoten. Lässt man die Ballons an dem Bindfaden herabhängen, stoßen sie aneinander. Wenn man einen Ballon an dem Wollschal reibt und anschließend wiederum die Ballons herabhängen lässt, streben die Ballons auseinander. Bringt man den Ballon, den man mit dem Wollschal gerieben hat, wieder in die Nähe des Schals, scheint er daran zu kleben.

Woran liegt denn das? Der Wollschal hat durch die Reibung seine negativ geladenen Teilchen an den Ballon abgegeben und ist nun positiv geladen. Eine positive und eine negative Ladung ziehen sich an, also haftet der Ballon am Schal.

Verrückter Luftballon

Ab 4 Jahren

Material: 1 Tischtennisball, 1 Luftballon

Einen Luftballon ein wenig dehnen, sodass durch den Luftballonhals ein Tischtennisball in den Ballon gesteckt werden kann. Dann den Ballon aufblasen und verknoten. Wirft man ihn hoch in die Luft und versucht ihn wieder zu fangen, gelingt das nur sehr schwer. Durch die Schwerkraft bewegt er sich ganz merkwürdig – ein verrückter Luftballon.

Rätsel & Ratespiele

Pinkepank, Herr Schmidt ist krank

Ab 4 Jahren

Material: 1 Kieselstein, der in einer Kinderhand verschwinden kann, mit einem aufgemalten Gesicht (= Herr Schmidt)

Ein Mitspieler nimmt Herrn Schmidt und versteckt ihn in seiner Hand, stellt die Fäuste nun abwechselnd aufeinander und brummt:

„Pinkepank, Herr Schmidt ist krank.
Wohnt er oben oder unten?"

Ein anderer Mitspieler zeigt auf die Hand, in der sich seiner Meinung nach Herr Schmidt befindet. Hat er richtig geraten, darf er als nächstes Herrn Schmidt verstecken. Rät er falsch, darf der erste Spieler Herrn Schmidt noch einmal verstecken und den Spruch aufsagen.

Beruferaten

Ab 5 Jahren

Ein Spieler denkt sich einen Beruf aus und lässt seine Mitspieler raten, welcher Beruf es sein könnte. Er macht einige typische Handbewegungen, um den anderen beim Raten zu helfen. Der Spieler, der den richtigen Beruf genannt hat, darf als nächstes vorspielen.

Rätselreim

Lösch mich mit Wasser
und ich wird' immer nasser,
knistern und flackern kann ich nicht mehr,
meine Flamme siehst du nimmermehr.
(Feuer)

Wer bin ich?

Ab 5 Jahren

Ein Spieler verlässt den Raum. Er darf nicht hören, was die anderen nun besprechen. Sie überlegen sich nämlich, welche bekannte Person oder Figur der Spieler sein soll. Dabei müssen sie darauf achten, dass der Spieler die berühmte Person auch tatsächlich kennt (z. B. Biene Maja, Bob der Baumeister, der kleine Eisbär etc.). Wenn der Spieler wieder hereinkommt, versucht er mit Fragen herauszubekommen, wer er ist. Fragen könnten sein: Bin ich ein Mädchen? Bin ich ein Junge? Kennt ihr mich aus dem Fernsehen? Die Fragen müssen mit „Ja" oder „Nein" zu beantworten sein. Wenn der Spieler erraten hat, wer er ist, kommt der nächste an die Reihe.

Ich sehe was, was du nicht siehst

Ab 4 Jahren

Ein Spieler sieht sich im Raum um und sucht sich dabei einen Gegenstand aus. Er sagt: „Ich sehe was, was du nicht siehst und das ist ..." und nennt die Farbe, die der ausgesuchte Gegenstand hat: grün, gelb, rot, blau, etc. Alle anderen dürfen nun raten, was der Spieler wohl meinen könnte. Der Spieler antwortet immer nur mit „Ja" oder „Nein". Wer den Gegenstand erraten hat, darf in der nächsten Runde die Frage stellen.

Variante: Gesucht wird nicht nach einem Gegenstand in einer bestimmten Farbe, sondern es wird die Lage im Raum angegeben, z. B. „Ich sehe, was, was du nicht siehst, und das liegt neben dem Sofa."

Empfehlenswerte Spielmaterialien

- Druckkasten
- Gesellschaftsspiele mit einfachen Regeln, z. B. Memory, Bilderlotto, Farben- und Bilderdomino etc., Brettspiele und Zuordnungsspiele.
- Schreibmaschine
- Spielzeuguhr
- Kalender
- Technik-Baukasten
- Verkehrsspiele
- Becherlupe
- Sachbilderbücher

Gesichter würfeln

Ab 5 Jahren

Material: 6 Porträt-Fotokopien, 6 Tonpapierblätter DIN A4, Klebstoff, Schere, Lineal, 1 Würfel

Sechs Porträts von Familienmitgliedern (Digitalkamera, Farbdruck erstellen) auf Tonpapier kleben, rechteckig ausschneiden. Auf die Rückseite sechs gleich breite Streifen zeichnen und fortlaufend die Würfelpunkte 1 bis 6 verteilen. Alle Porträts in Streifen schneiden.

Spielregel: Die Streifen mischen, die Punkte liegen oben. Jeder Mitspieler würfelt und nimmt einen Streifen mit der gewürfelten Punktzahl. Nach und nach werden die sechs Porträts zusammengesetzt: das Kinn vom Opa, der Mund von Mama und die Haare von ...?

Spieluhr gestalten

Ab 5 Jahren

Material: weißer und roter Tonkarton, Ziffern zum Aufkleben von 1 bis 12, 1 Musterklammer, Schere, Bleistift, Lineal, Bastelkleber, Teller als Schablone

Den Teller auf den weißen Tonkarton legen und mit dem Bleistift den Umriss des Tellers aufzeichnen. Kreisform mit der Schere ausschneiden und die Ziffern 1 bis 12 am Außenrand aufkleben. Auf dem roten Tonkarton mit Lineal und Bleistift den großen und den kleiner Zeiger aufmalen und ebenfalls ausschneiden. Zum Schluss beide Zeiger mit der Musterbeutelklammer in der Mitte der Uhr befestigen, sodass sie gut drehbar sind und sich die Uhrzeit leicht einstellen lässt. Das Zifferblatt kann beliebig bemalt werden.

Rätselreim

Wenn ein Mädchen mit Geschenken
froh zu seiner Oma reist,
und es trifft den Wolf im Walde,
weiß man, wie das Mädchen heißt.
(Rotkäppchen)

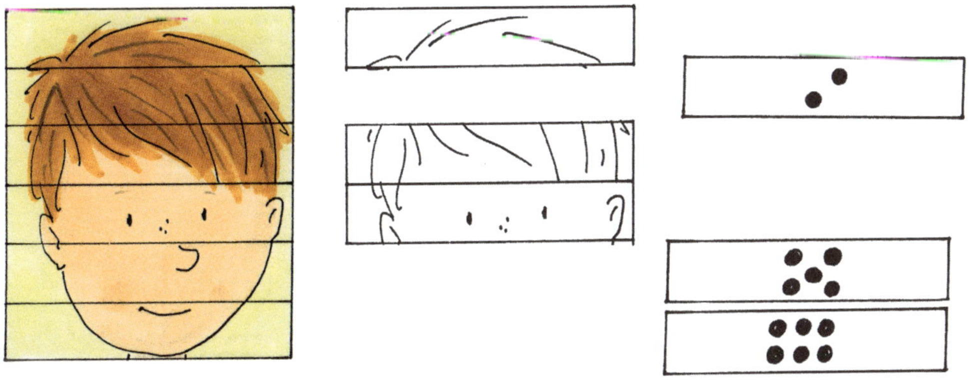

2.3 Hin und her – kreuz und quer

Zur motorischen Entwicklung

Das Kindergartenkind hat einen großen Bewegungsdrang und ein ausgeprägtes Bewegungsbedürfnis. Sich zu bewegen gehört zu seiner alltäglichen Beschäftigung. Dabei lernt es seinen Körper kennen, spürt seine Beweglichkeit und körperliche Leistungsfähigkeit, nimmt aber auch Grenzen wahr und erlebt das Zusammenspiel von Kraft, Ausdauer, Anspannung, Entspannung und Ermüdung.

Nachdem es die Fortbewegungsarten wie Krabbeln, Kriechen und Gehen gelernt hat, erwirbt es im vierten Lebensjahr weitere Grundbewegungsarten: Das Kind kann geschickt auf Spielgeräte oder Bäume klettern, von 30 cm Höhe herunterspringen, kurz auf einem Bein hüpfen, einen Ball werfen und fangen und Dreirad fahren.

Im fünften Lebensjahr wachsen Geschicklichkeit und Gelenkigkeit. Das Kind freut sich über die zunehmende Körperbeherrschung und erprobt sich beim Klettern, Balancieren und Springen. Es bevorzugt zunehmend Geräte: Klettergerüste und Schaukeln auf Spielplätzen, Fahrrad oder Skateboard. Das Kind kann einen markierten Weg genau verfolgen und beim Laufen, Hüpfen und Springen verschiedene Geschwindigkeiten und Rhythmen einhalten.

Im sechsten Lebensjahr verfeinert das Kind durch ständiges Üben seine Grobmotorik (tanzen, schwimmen, schaukeln). Gleichgewichtsfähigkeit (längere Zeit auf einem Bein stehen und dabei die Hände in den Hosentaschen lassen) und Reaktionsfähigkeit (es kann beim Fangspiel auf Zuruf plötzlich wie versteinert stehen bleiben) verbessern sich. Die Orientierung im Raum gelingt ihm immer besser, z. B. kann es mit dem Fahrrad geradeaus fahren. Das Kind sucht die körperliche Herausforderung, probiert Rollerblades und Schlittschuhe aus, es fährt sicher Roller und Fahrrad und lernt Seilchen zu springen.

In einer Gruppe mit Gleichaltrigen machen ihm diese Aktivitäten besonders viel Spaß. Es kann seine eigenen Fähigkeiten mit denen der anderen Kinder vergleichen. Die Kinder spornen sich gegenseitig zu weiteren Leistungen an. Für die Kinder bis etwa acht Jahren stehen aber die Bewegung und das Spiel im Mittelpunkt ihres Interesses und nicht der Leistungsvergleich oder das Gewinnen und Verlieren. Deshalb werden Konkurrenzspiele, Staffeln und Ausscheidungsspiele vermieden. In spielerischen Rangeleien mit gleichaltrigen Freunden oder vertrauten Erwachsenen misst das Kind gern seine Körperkräfte.

Größer und stärker zu werden ist etwas ganz Wichtiges für das Kind. Der häufige Vergleich an der Messlatte im Kinderzimmer beweist ihm, dass es wieder ein Stück gewachsen ist.

Heute ist ein richtig schöner Sommertag. Familie Braun hat sich mit zwei anderen befreundeten Familien verabredet. Sie haben ein Picknick im Grünen geplant, aber vorher gibt es eine Schatzsuche mit vielen Spielen. Die Kinder rennen eilig vor, um die bunten Zeichen zu finden, die ihnen den Weg weisen und wichtige Botschaften enthalten. Einmal muss Anna (5;2) sogar auf Papas Schulter klettern, um die Botschaft hoch oben aus einer Astgabel zu angeln. Auf Papas Schulter zu reiten, macht Spaß. „Ich kann den Schatz schon sehen!“, ruft sie ganz aufgeregt.

Tipps zur Unterstützung der motorischen Entwicklung

- Bewegungsanlässe schaffen: Das Kind sollte sich täglich, möglichst im Freien, ausgelassen bewegen können, z. B. Treppen hinauf- und hinuntergehen, über den Rasen laufen, rollen, rutschen, auf eine Mauer klettern, balancieren, im Schwimmbad planschen usw. Kinder haben großen Spaß an bewegten Rollenspielen, die den Weg zum Einkaufen oder das Spazierengehen zu einem aufregenden Erlebnis machen, z. B.: „Wir sind jetzt alle Frösche und hüpfen in die Pfützen!" oder „Heute sind wir Löwen und schleichen durch das hohe Gras der Steppe!"
- Zutrauen zum Kind: Das Spiel auf einem kindgerechten Spielplatz kann das Kindergartenkind selbst organisieren. Wenn Erwachsene aus Überängstlichkeit ständig mahnend eingreifen – „Sei vorsichtig! Bestimmt fällst du gleich da herunter." „Lass das! Du tust dir noch weh." „Pass auf, sonst passiert noch was!" – wird das Kind verunsichert und es traut sich bald nichts mehr zu. Doch je mehr sich das Kind bewegt, desto sicherer und koordinierter sind seine Bewegungen, um so besser ist sein Körpergefühl – und das senkt das Unfallrisiko!
- Bewegungserfolge lobend anerkennen: Hat sich das Kind z. B. zum ersten Mal getraut, auf dem Spielplatz über die Hängebrücke zu gehen oder ist es ihm gelungen, ohne Hilfestellung an der Sprossenwand zu klettern, sollten diese Erfolge anerkannt werden, das stärkt das Selbstvertrauen des Kindes.
- Bewegung macht Spaß! Kindergartenkinder sollten ihr Selbstwertgefühl nicht vom Erfolg in einem Bewegungs-Wettspiel abhängig machen. Der Spaß an der Bewegung ist wichtig und nicht das Gewinnen oder Verlieren. Erwachsene können hier behutsam lenkend eingreifen: „Max war der Schnellste, aber Daniel und du, ihr wart auch ganz schön schnell." Steht die eigene Leistung des Kindes im Zentrum – „Heute ist dir das Balancieren sehr gut gelungen" – stärkt das das Selbstbewusstsein. Die Art der Aufgabenstellung entscheidet darüber, ob das Kind das Gefühl hat, die Aufgabe selbstständig gelöst zu haben, z. B. „Probier mal, wie du mit dem Seilchen springen kannst" und nicht: „Kannst du so mit dem Seilchen springen?"

Jetzt geht's rund – Spiele mit dem Ball

Stuhlbein-Tor

Ab 4 Jahren

Material: 1 Stuhl, 1 Ball

In der Mitte des Raumes steht ein Stuhl, daneben der Stuhlwächter. Ein Spieler muss nun versuchen, den Ball durch die Stuhlbeine zu rollen. Gelingt es, wird dieser zum Wächter.

Klatschball

Ab 5 Jahren

Material: 1 Ball

Ein Spieler wirft einem anderen Spieler den Ball zu. Bevor der Ball gefangen werden darf, muss der Fänger einmal in die Hände klatschen. Gelingt es dem angespielten Spieler nicht, vor dem Fangen zu klatschen, muss er eine Kniebeuge machen.

Ball an die Wand

Ab 5 Jahren

Material: 1 Ball

Der Spieler wirft den Ball gegen die Wand und fängt ihn auf. Gleichzeitig spricht er den folgenden Reim und führt die im Text angegebenen Bewegungen aus.

Mit deinen Händen klatsch, klatsch, klatsch,
mit deinen Fingern schnipp, schnipp, schnipp,
kreuz die Arme,
schließ die Augen,
fang den Ball noch mal.

Prellball

Ab 5 Jahren

Material: 1 Ball

Auf ebenem Untergrund wird der Ball mit beiden, später abwechselnd nur mit einer Hand geprellt. Dabei kann gezählt werden, wie lange der Ball springt.

Alles im Eimer

Ab 5 Jahren

Material: 1 Ball, 1 Eimer

Einen Eimer aufstellen, in einigem Abstand (3 m) eine Wurflinie einzeichnen, in etwa 10 m Entfernung die Startlinie. Von der Startlinie den Ball im Gehen bis zur Wurflinie prellen und dann in den Eimer werfen.

Bei geübten Spielern wird der aufgehängte Eimer durch einen zweiten Spieler verteidigt. Landet der Ball im Eimer – Spielerwechsel.

Gemüse balancieren

Ab 4 Jahren

Material: 1 Tischtennisball, 1 Tennisball, 1 Fußball, 1 Wasserball, 1 Kinderschubkarre

Das Gemüse (Bälle) liegt im Raum verteilt und soll nacheinander auf der flach gehaltenen Hand in die 10 m entfernt stehende Schubkarre gebracht werden.

Hand-in-Hand-Transport

Ab 5 Jahren

Material: 1 großer Ball, z. B. Wasserball oder Luftballon

Der Erwachsene streckt seinen linken Arm und seine linke Hand aus, das Kind seinen rechten Arm und seine rechte Hand. Zwischen den ausgestreckten Händen muss nun der Ball oder der Luftballon zu einem Ziel transportiert werden.

Variante: Der Ball oder der Ballon kann auch zwischen den Bäuchen oder den Rücken beider Spieler transportiert werden.

Kürbistransport

Ab 5 Jahren

Material: 2 Bälle, 4 Holzstäbe oder Stöcke

Eine Laufstrecke markieren und zwei Teams bilden, die sich gegenüberstehen. Die Spieler gehen paarweise zusammen, z. B. ein Erwachsener und ein Kind. Jedes Paar bildet mit den Holzstäben eine „Kürbistrage" und versucht den Ball darauf so über die Strecke zu transportieren, dass er nicht herunterfällt. Ist das Paar auf der gegenüberliegenden Seite angekommen, übernimmt das nächste Paar den Transport. So lange spielen, bis alle im Team an der Reihe waren. Welches Team ist am geschicktesten?

Turmfall

Ab 5 Jahren

Material: 5 leere Konservendosen in verschiedenen Größen, 1 Ball

Der Erwachsene versucht, die Dosen zu einem Turm aufeinander zu stapeln. Das Kind ist im Ballbesitz und versucht, die Dosen umzuwerfen. Wird der Erwachsene vom Ball getroffen und ist der Turm noch nicht fertig, muss er alle Dosen umwerfen und die Rollen werden gewechselt. Der Spieler, der es schafft, den Turm ganz aufzubauen, ohne dass er vom Ball getroffen wird, hat gewonnen.

Autorennen

Ab 5 Jahren

Material: 1 Ball, evtl. Kreide zum Markieren der Startlinie

Jeder Mitspieler wählt eine Automarke als Namen. Alle Mitspieler stehen an der Startlinie. Der Erwachsene wirft den Ball in die Luft und ruft dazu: „Das Rennen gewinnt ... (eine Automarke nennen, z. B. Ferrari)!" Während alle Mitspieler von der Startlinie wegrennen, fängt der Mitspieler mit dem Namen Ferrari den Ball und ruft: „Stopp!" Alle bleiben stehen und „Ferrari" wirft einen Mitspieler ab. Dieser startet das Rennen erneut.

Lauf- und Fangspiele

Zwei kleine Füße – ein Bär

Ab 4 Jahren

Der Erwachsene ist der Bär, der mit einem Abstand von ca. 10 Metern mit dem Rücken zu den Kindern steht. Die Kinder sprechen dabei folgenden Vers, bis der Fänger, der Bär, sich umdreht, um so viele Kinder wie möglich zu fangen:

Zwei kleine Füße tap, tap, tap. (auf der Stelle treten)
Zwei kleine Hände klap, klap, klap. (klatschen)
Zwei kleine Augen: „Ist da wer?" (Hand über die Augen legen)
O, mein Gott, es ist ein Bär!

Schweine fangen

Ab 4 Jahren

Material: pro Spieler eine Papierspirale oder ein Wollfaden

Kinder und Erwachsene bekommen eine kleine Papierspirale (Luftschlange) oder einen Wollfaden, den sie sich in den rückwärtigen Hosenbund stecken. Jeder versucht nun, so viele „Schweineschwänzchen" wie möglich zu erhaschen.

Klammeraffendieb

Ab 4 Jahren

Material: Wäscheklammern (eine Klammer weniger als Mitspieler)

Bei dieser Fangspielvariation hat jeder Mitspieler eine Wäscheklammer am Ärmel befestigt. Der Fänger hat keine Klammer und „klaut" sich eine von einem anderen „Affen", und dieser ist dann der Fänger.

Frosch und Storch

Ab 4 Jahren

Der Erwachsene versucht im Storchengang das Kind, das sich im Froschgang bewegt, zu fangen. Hat der Storch den Frosch erwischt, tauschen beide die Rollen.

Storchengang: Die ausgestreckten Arme in Kopfhöhe auf- und zuklappen, dabei die Knie bis zur Hüfte heben und die Fußspitzen nach unten strecken.

Froschhüpfen: In die Hocke gehen, die Beine spreizen und die Hände dazwischen auf den Boden legen. Beim Sprung Füße und Hände gleichzeitig heben und gleichzeitig wieder auf den Boden setzen.

Brücken-Fangen

Ab 5 Jahren

Alle laufen. Ein Spieler ist der Fänger. Hat er einen Mitspieler berührt, bleibt dieser stehen. Er kann nur dann erlöst werden, wenn ein anderer Mitspieler durch seine gegrätschten Beine hindurchkriecht.

Auf die Räder, fertig, los!

Roller- oder Fahrradparcours

Eine Hindernisstrecke markieren, die die Roller- oder Radfahrer bewältigen müssen:

- Zwei S-Kurven fahren (mit Joghurtbechern markieren)
- Haltestelle – absteigen und ein Glas Apfelsaftschorle trinken
- Hindernis überwinden (Roller oder Fahrrad über eine Bank tragen)
- Zweimal durch einen engen Kreis fahren (Kreis mit Joghurtbechern markieren)

Schneckenrallye

Eine ca. 10 m lange Rennstrecke abgrenzen. Zwei Fahrer gehen gleichzeitig an den Start, mit der Aufgabe, die Strecke so langsam wie möglich zurückzulegen, ohne die Füße von den Pedalen zu nehmen bzw. so wenig wie möglich das Trittbrett mit einem Fuß zu verlassen.

Vorfahrt gewähren, Rücksicht aufeinander nehmen, rechtzeitig bremsen – all dies sind Übungen, die später im öffentlichen Straßenverkehr wichtig sind. Ein Schulhof oder eine Spielstraße, am Sonntag auch ein Supermarktparkplatz, sind gut geeignet für Spiele mit Roller oder Rad. Selbstverständlich sollten alle einen Helm tragen!

Auf der Webseite **kinderfahrrad.com** finden Eltern alles Wissenswerte rund um das Thema Kinderfahrrad – Kauftipps, Infos zu Verkehrsregeln und zur Verkehrssicherheit.

Roller oder Bike-Stafette

Material: 1 Wasserflasche für jede Mannschaft

Die Wettkampfstrecke markieren. Jede Mannschaft besteht mindestens aus zwei Teilnehmern, z. B. ein Erwachsener, ein Kind. Ein Spieler stellt sich am Anfang, der andere am Ende der Strecke auf. Auf das Startsignal rollert oder radelt der erste mit seiner Wasserflasche los, fährt zu seinem Gegenüber, umrundet ihn und übergibt die Wasserflasche.

Vorab wird ausgemacht, wie viele Runden gefahren werden sollen. Die schnellste Mannschaft hat gewonnen.

Bälle sammeln

Material: Tennisbälle, 1 Eimer, 1 Stoppuhr

Eine Strecke mit Start- und Wendepunkt festlegen. Entlang der Strecke Tennisbälle auf umgedrehte Eimer oder Kisten legen. An den Wendepunkt den leeren Eimer stellen. Der Erste fährt los, hebt unterwegs einen Tennisball auf, fährt zum Eimer, wirft den Ball hinein und fährt zurück zum Start. Drei Minuten hat er Zeit, um auf diese Weise so viele Bälle wie möglich einzusammeln.

Gewertet werden nur die Bälle im Eimer. Nach drei Minuten kommt der Nächste an die Reihe.

Schatzsuche – Spielaktion für Eltern und Kinder

Schatzsuche

Ab 5 Jahren

***Material:** 2 kleine Leiterwagen mit alkoholfreien Getränken, Pappbecher; für die Spiele: 2 „Bobby-Cars", 2 Jutesäcke, 2 Bügelsägen, 2 Hämmer und 1 Päckchen Nägel, 1 Beutel Kartoffeln; zum Grillen: Pappteller, Plastikbesteck, Servietten, Müllbeutel, Holzkohle, Grillwürstchen, Salat, Brötchen o. Ä.*

Mit Sägemehl eine Wegstrecke in einem naturnahen Gelände markieren, dabei sieben Stationen festlegen, die durch ausgeschnittene Symbole mit den jeweiligen Spielaufgaben kenntlich gemacht werden. Die Familien folgen der Wegmarkierung und führen an den einzelnen Stationen die entsprechenden Spielaufgaben durch. Bei der Schatzsuche steht die Freude am gemeinsamen Spielen und Erleben im Vordergrund. Bei den Staffelspielen ist darauf zu achten, dass sich jeweils gleichstarke Partner gegenüberstehen (Erwachsener – Erwachsener / Kind – Kind). Am Ende der Gesamtstrecke müssen die Kinder die „Schatzkiste" suchen, in der sich auch die Zutaten zum Grillen befinden.

1. Spielstation:
Rutschautorennen
Beide Teams kämpfen gegeneinander, dabei stehen sich Eltern und Kinder gegenüber. Das erste Kind aus jedem Team rollt mit seinem Rutschauto auf die gegenüberliegende Seite zu den Erwachsenen, die fahren wieder zurück, so lange bis jeder Spieler einmal an der Reihe war. Welches Team ist Sieger?

2. Spielstation:
Bäumchen wechsel dich
Jeder Mitspieler bis auf einen steht an einem Baum, der mit Kreide markiert wird. Auf den Ruf: „Bäumchen, Bäumchen wechsel dich!" sucht sich jeder Mitspieler einen neuen Baum. Wer dieses Mal keinen Baum gefunden hat, darf neu aufrufen. (Eltern können auch mit ihrem Kind ein Paar bilden.)

3. Spielstation:
Balancieren
Jeder nimmt einen Stock in beide Hände, steigt vorsichtig auf den Baumstamm, balanciert ihn hinunter und steigt hinten vorsichtig ab. Im zweiten Durchgang balancieren ein Erwachsener und ein Kind aufeinander zu und jeder versucht, auf der gegenüberliegenden Seite wieder abzusteigen.

4. Spielstation:
Sackrennen
Ein Erwachsener und ein Kind bilden ein Spielpaar. Jeweils ein Fuß wird in einen Sack gesteckt. Beide halten den Sack gemeinsam fest. Das Sackrennen beginnt.

5. Spielstation:
Baumstamm sägen
Ein Erwachsener und ein Kind bilden ein Spielpaar. Von einem querliegenden Baumstamm (Durchmesser 10–15 cm) muss mit einer Bügelsäge eine Scheibe abgesägt werden. Welches Team ist am schnellsten fertig?

6. Spielstation:
Nagel in Holz schlagen
Jeder Spieler muss einen Nagel in ein Holzstück schlagen, dabei geben sich die Spieler der beiden Teams gegenseitig Hilfestellung. Welches Team schafft es am schnellsten?

7. Spielstation:
Kartoffellauf
Eltern und Kinder bilden Spielpaare. Jeder bekommt eine Kartoffel. Dann stellen sie sich gegenüber, halten ihre Stöcke dicht nebeneinander in den Händen, legen beide Kartoffeln darauf und balancieren gemeinsam die Kartoffeln über eine vorher festgelegte Strecke zu dem vorgesehenen Grillplatz. (Die Kartoffeln werden später im Feuer gegart.)

Empfehlenswerte Spielmaterialien

- Dosenstelzen
- Hüpfball
- Kegelspiel
- Springseil
- Bälle
- Frisbee
- Schubkarre
- Laufrad, Roller, Fahrrad

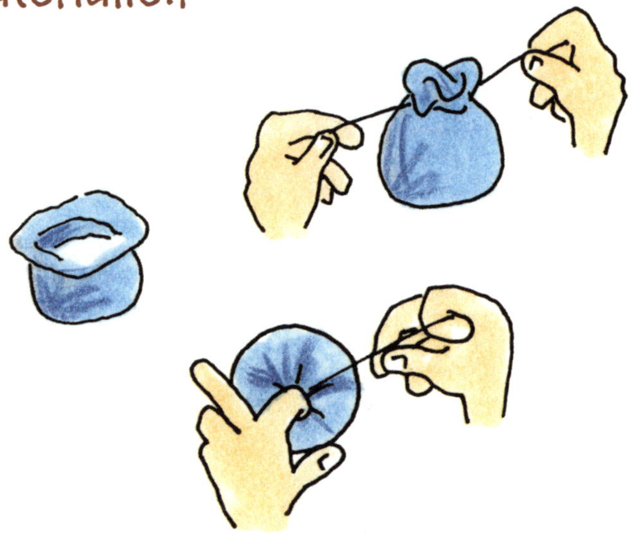

Dosenstelzen

Material: 2 große leere Konservendosen, etwas Kreppband, Wäscheleine, Papier, Schere, Klebstoff, Milchdosenöffner

An den offenen Seiten der Dosen auf Ecken und Kanten achten. Überstehende Spitzen an den Rand der Dose drücken (ggf. mit dem Hammer) und die gefährlichen Stellen mit Kreppband abkleben, sodass sich das Kind später nicht verletzen kann.
Wer bunte Dosenstelzen haben möchte, beklebt diese mit Papier, Folie oder Stoff.
Mit einem Milchdosenöffner in jede Dose zwei Löcher stechen (siehe Skizze). Die Löcher sollten einander möglichst genau gegenüberliegen.
Zwei gleichlange Stücke Wäscheleine abschneiden (die Größe des Kindes berücksichtigen). Leinenenden jeweils von außen durch die Löcher in die Dose stecken und die Enden im Inneren verknoten (siehe Skizze). Der Knoten muss sehr fest sein, damit die Leine nicht herausrutschen kann. Das Ganze mit der anderen Dose wiederholen.

Socken-Footbag

Material: 1 Nadel, 1 Socke, Nähgarn, Füllmaterial (saubere Kirschkerne, Mais, Reis, Getreide o. Ä.)

Die Socke auf links ziehen und das Fußteil abschneiden, sodass ein ungefähr neun Zentimeter langes Stück erhalten bleibt. Um den abgeschnittenen Rand herum (mit etwas Abstand) den Faden in etwa ein Zentimeter breiten Stichen einfädeln, die beiden Fadenenden zusammenziehen und fest verknoten.
Die Socke umstülpen und das Füllmaterial in den entstandenen Beutel geben. Ist der Beutel ausreichend gefüllt, erneut mit Abstand zum Rand den Faden einfädeln und die beiden Enden vorsichtig zusammenziehen. Mit dem Finger den Sockenrand nach innen stopfen. Jetzt können die beiden Fadenenden fest verknotet werden und der Ball ist fertig.

Mit dem Footbag kann man allein, zu zweit oder in der Gruppe spielen. Ziel ist, den Ball so lange wie möglich in der Luft zu halten. Das Bag sollte nicht mit den Händen berührt werden, ansonsten ist neben dem Fußkontakt die Berührung aller Körperteile (Schulter, Hüfte, Knie ...) erlaubt.

2.4 Jeder Tag hat eine andere Farbe

Zur Gestaltungsentwicklung

Aus den anfänglichen Kritzelspuren im Kleinkindalter entstehen im Kindergartenalter allmählich bildhafte Mitteilungen. Das Kind erklärt im Vorhinein, was oder wen es malen möchte. Dabei kommt es manchmal zu einfachen Gesichtsschemen und sogenannten „Kopffüßlern", Gesichtern mit zwei Beinen, meistens auch schon Füßen, aber ohne Arme und Hände.

Ab drei Jahren malt das Kind bevorzugt Menschen, wobei es sich vorwiegend selbst meint. Aber es zeichnet auch Tiere, Autos und andere Dinge aus seiner Umwelt. Menschen, Häuser und Bäume werden meist frontal gezeichnet, wobei z. B. bei Bäumen die Äste rechtwinklig vom Baumstamm abstehen (sogenannte Leiterbäume). Fahrzeuge und Tiere werden bevorzugt in der Seitenansicht dargestellt. Die Perspektive spielt keine Rolle (Verständnis dafür entwickeln Kinder erst ab dem achten Lebensjahr), vielmehr zeichnet das Kind das, was es weiß und nicht das, was es sieht. Abgebildet wird, was für das Kind bedeutsam ist. In vielen Bildern sind daher die Größenverhältnisse verschoben. Was wichtig ist, wird groß gezeichnet. Auch die Farbgebung ist nicht an der Wirklichkeit orientiert. Das Kind wählt die Farben nach dem eigenen Empfinden aus.

Erst im Schulalter kommen die Zeichnungen der Realität näher. Das Kind achtet auf Größenverhältnisse, Details, Perspektive und Farbwahl und geht kritischer damit um.

Beim Bauen mit Bausteinen oder anderen Materialien setzt sich das Kind im Spiel kreativ mit der Lage von Dingen im Raum auseinander. Im Anfangsstadium des Bauens werden die Bausteine aneinandergereiht, später um andere Gegenstände oder sich selbst herum angeordnet. Die ersten Türme entstehen. Diese Gebilde sind zu Beginn noch windschief und wackelig und bestehen meist nur aus drei bis vier Steinen. Auch das Umstoßen der errichteten Bauwerke gehört zum Erfahrungsprozess und hat nichts mit Zerstörungswut zu tun. Das Gefühl von Spannung und Wagnis bringt das Kind dazu, Veränderungen vorzunehmen und andere Bautechniken auszuprobieren.

Die ersten Grunderfahrungen mit der Statik werden im späteren Alter vertieft, da die feinmotorischen Fähigkeiten des Kindes zunehmen und es wirklichkeitsbezogener bauen und spielen will: Räume müssen dann senkrechte Wände, Türen und Fenster haben, Ecken entstehen durch verzahntes Mauerwerk, Räume bekommen durch lange Bausteine ein Dach, Brücken und Straßenkonstruktionen entwickeln sich. Das freie Bauen regt die Fantasie des Kindes an und fördert die Vorstellungskraft. Die eigenen Bauwerke werden mit Tier- und Menschenfiguren, Spielautos und Naturmaterialien bestückt und bilden die „Bühne" für fantasievolle Rollenspiele in der Gemeinschaft mit anderen Kindern.

Konstruktionsmaterial mit vorgefertigten Steckverbindungen (Nopper, Lego-Duplo) garantiert dem jünge-

Zusammen mit ihren Eltern besucht Matilda (5;2) heute das Sommerfest der Kirchengemeinde. Da gibt es sehr viele Stände, an denen man spielen, basteln und natürlich essen und trinken kann. Ganz besonders gefällt ihr die „Fahrrad-Kunst-Werkstatt". Hier gibt es viele Einzelteile von Fahrrädern, wie Räder, Lenker, Gepäckträger, aber auch alte Räder, die niemand mehr haben möchte und die kunterbunt gestaltet werden können. Matilda hat schon begonnen, ein Fahrrad in ihrer Lieblingsfarbe anzumalen. Später möchte sie noch Bänder in allen Farben durch die Speichen ziehen ... Matilda hat schon viele Ideen!

ren Kind rasche Erfolge beim Bauen. Allerdings wird das Erleben statischer Gesetzmäßigkeiten überdeckt. Vorschulkindern bietet das kleinteilige Konstruktionsmaterial (z. B. Lego, Cubal, Constri, Baufix, Nopper, Fischertechnik usw.) die Möglichkeit, funktionierende Spielmodelle oder sogar maßstabsgetreue Bauwerke selbst herzustellen.

Tipps zur Förderung der Kreativität

- Materialkästen anlegen, die dem Kind jederzeit zur Verfügung stehen: Malkiste (Buntstifte, Plakafarben, Wasserfarbkasten, Fingerfarben, Wachsmalkreiden, Filzstifte, Pinsel in verschiedenen Stärken), Klebekiste, Bastelkiste, Knetkiste, Werkzeugkiste (Säge, Hammer, Zange, Nagelbohrer, Schmirgelpapier, Nägel – ab vier Jahren kann das Kind mit normalem Werkzeug umgehen, kein „Spielwerkzeug"!), Naturkiste (Blätter, Steine, Muscheln, Federn, Kastanien sammeln) etc.
- Die Eigeninitiative des Kindes respektieren: das bereitgestellte Material gibt dem Kind viele Möglichkeiten der kreativen Auseinandersetzung, es braucht kein spezifisches Thema, um aktiv zu werden. Wenn das Kind es wünscht, kann der Erwachsene Hilfestellung geben oder neue Techniken vorführen.
- Zuwendung und Bestätigung der kindlichen Aktivitäten durch den Erwachsenen fördern die Entwicklung der Kreativität. Nicht das Endergebnis allein ist von Bedeutung, sondern vielmehr die Initiative und die eigenen Ideen, die zum Ziel führen. Kritik, Leistungsdruck bzw. zu hohe Erwartungen hemmen kreative Fähigkeiten.
- Konstruktionsmaterial sollte dem Kind erst dann angeboten werden, wenn es mit Holzbausteinen bereits erste Erfahrungen gesammelt hat.
- Keine Vorlagen geben! Erst ab fünf bis sechs Jahren sind Kinder an Arbeitsvorlagen interessiert und brauchen dann die Unterstützung eines Erwachsenen.
- Die Welt der Kunst entdecken: Gemeinsam mit dem Kind Kunstkalender, Kunstpostkarten und Kunst-Bilderbücher anschauen und auf Details aufmerksam machen. Besuche in Kunstmuseen, Galerien, Gartenausstellungen, aber auch Stadtspaziergänge machen Kindern ab fünf Jahren Spaß und sensibilisieren die ästhetische Wahrnehmung.
- Die Werke des Kindes aufbewahren und mit Datum versehen. Somit kann das Kind seine eigene kreative Entwicklung verfolgen.

Pfiffige Maltechniken

Rubbelbilder (Frottagen)

Ab 4 Jahren

***Material:** Blätter, Baumrinde, Strukturtapete, Tortenspitze, Gardinenstoffe, Netze, gemasertes Holz etc.*

Materialien mit strukturierter Oberfläche sind besonders gut geeignet für diese Technik: Papier auflegen und mit Wachsmalstiften, Kreiden oder Buntstiften flächig malen. Das Muster drückt sich reliefartig durch.

Zahnbürsten-Sieb-Bilder

Ab 4 Jahren

***Material:** Plastikfolie oder Zeitungspapier zum Abdecken der Arbeitsfläche, 1 alte Zahnbürste, Deckfarben, 1 Sieb, gepresste Herbstblätter oder Tonpapier*

Den Arbeitsplatz großzügig abdecken. Einfache geometrische Formen aus Tonpapier schneiden oder getrocknete und gepresste Herbstblätter auf ein Blatt Papier legen. Eine alte Zahnbürste in Deckfarbe tauchen und so über ein Sieb streichen, dass ein Farbsprühregen entsteht. Die Farbe darf nicht zu nass sein! Im zweiten Durchgang können die Formen leicht verschoben werden, so entstehen interessante Schattierungen.

Trinkhalm-Puste-Bilder

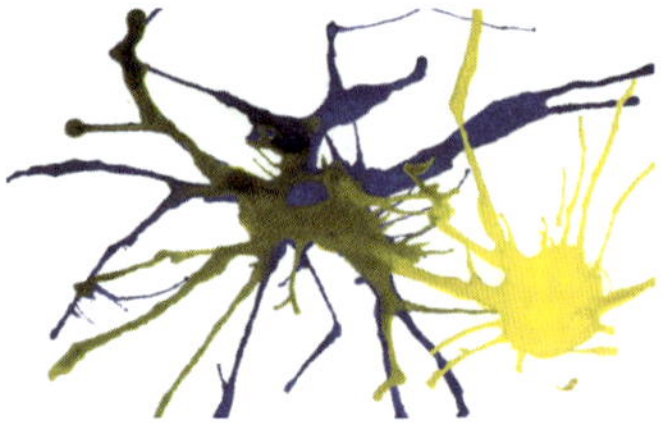

Ab 4 Jahren

***Material:** Wasserfarbe, Tusche oder Tinte, 1 dicker Pinsel (oder Pipette), 1 dicker Trinkhalm*

Wasserfarbe, Tusche oder Tinte mit einem dicken Pinsel oder einer Pipette auf das Papier tropfen. Die Farbtropfen mit dem Trinkhalm auf dem Blatt verpusten. Es entstehen bizarre Formen, z. B. Geister, Feuerwerk, verästelte Bäume oder magische Wesen.

Wer möchte, kann die Bilder noch mit dem Pinsel oder Filzstiften weitermalen.

Abspreng-Bilder

Ab 5 Jahren

***Material:** saugfähiges Papier, Deckweiß, Pinsel, Wasserbecher, schwarze oder farbige Tusche*

Auf einem Blatt Papier mit Deckweiß und Pinsel ein Bild malen, dabei die Farbe ziemlich dick auftragen. Ist die Farbe gut getrocknet, wird das ganze Bild mit schwarzer oder farbiger Tusche überzogen. Das Bild muss nochmals gut trocknen. Dann beginnt die Zauberei. Das Blatt Papier wird in einer flachen Schale mit Wasser eingeweicht, sodass sich das Deckweiß langsam auflöst. Durch vorsichtiges Reiben mit einem Schwamm kann dieser Prozess noch beschleunigt werden. Die Zeichnung wirkt durch die zurückbleibende Tusche sehr reizvoll.

Durch den patinaähnlichen Überzug eignen sich besonders gut ornamentale Motive wie „Das Kleid der Nachtkönigin", „Das Gespensterschloss" oder „Winterlandschaft bei Nacht".

Kleisterpapier-Bilder

Ab 4 Jahren

Material: nicht saugendes Papier, 2 Pinsel, Kleister, Deck- oder Temperafarben

Das Papier mit einem breiten Pinsel mit Kleister bestreichen. Es entsteht eine sanfte Gleitschicht, die nun mit Deck- oder Temperafarbe bedeckt wird. Es können auch zwei Farben zum Einsatz kommen. Mit den Fingern, geknülltem Papier, einem Kamm werden nun Muster in die feuchte Oberfläche getupft oder „gekämmt".

Schöne Effekte entstehen auch, wenn man einfach das Blatt zusammenfaltet und wieder auseinanderzieht.

Kordel-Bilder

Ab 4 Jahren

Material: Wasserfarbe, 1 Wollfaden oder Kordel, dicker Katalog

Den Wollfaden oder die Kordel vollständig mit Farbe bemalen. Am besten legt man den Faden auf die Wasserfarbe und geht mit dem Pinsel mehrmals darüber. Dann den Faden auf eine Seite des Blattes legen, das Blatt falten und zwischen einen dicken, alten Katalog legen. Unten muss noch ein Stück Faden rausschauen. An diesem Ende die Kordel herausziehen, dabei mit aller Kraft auf den Katalog drücken, vielleicht kann ein Erwachsener dabei helfen.

Wasser-Marmorier-Bilder

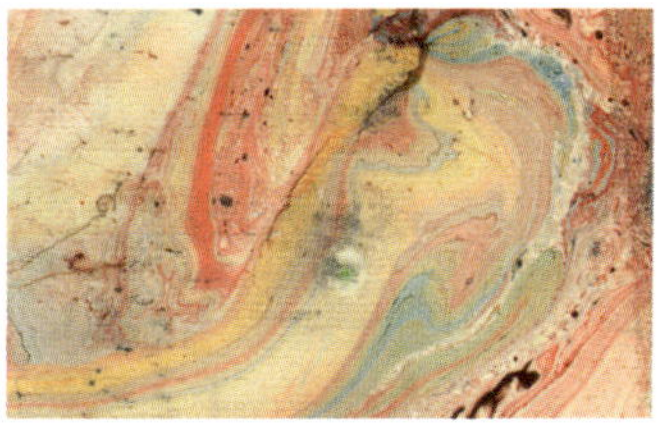

Ab 5 Jahren

Material: 1 Blatt Zeichenpapier, 2 Ölfarben, Terpentin, Borstenpinsel, 1 flaches Gefäß, Pipette

In einem Glas jeweils eine kleine Menge Ölfarbe aus der Tube mit einigen Tropfen Terpentin verdünnen und mit einem dicken Borstenpinsel verrühren (mindestens zwei Farben anrühren). Eine flache Schale mit Wasser füllen. Auf die Wasseroberfläche mit einem dicken Pinsel oder einer Pipette die fertig angerührten Ölfarben auftropfen. Ein festes Blatt Zeichenpapier an den gegenüberliegenden Ecken anfassen, vorsichtig auf das Wasser legen und sofort wieder hochnehmen. Durch die oben schwimmende Ölfarbe erhält das Papier ein schönes orientalisches Muster (daher wurde marmoriertes Papier früher auch „türkisches Papier" genannt).

Die Marmorier-Technik eignet sich sehr gut zur Dekoration von ausgeblasenen Ostereiern.

Figuren reißen

Ab 3 Jahren

Aus Papier verschiedene Formen reißen, z. B. Pakete, Säcke, Äpfel, Gespenster, Tiere. Auf der Rückseite der Figuren können mit Klebefilm Schaschlikstäbe angebracht werden – so kommen sie im Rollenspiel zum Einsatz.

Alles wie gedruckt!

Drucktechniken

Ab 4 Jahren

Material: Deckfarben oder wasserlösliche Druckfarben, Stempel

Am besten sind zum Drucken Deckfarben oder wasserlösliche Druckfarben geeignet. Die Farbe darf nicht zu wässrig auf den Stempel aufgetragen werden. Viele unterschiedliche Materialien lassen sich als Stempel zum Drucken verwenden, z. B. Korken, Kartoffeln, Pinsel, Schwämme, Moosgummi, Radiergummi, Styropor, Holz, Strukturstoffe (z. B. Spitzen), geometrisch geschnittene Formen aus Karton, aber man kann auch einfach mit den Fingern drucken.

Das bedruckte Papier dient zum Verschönern von Tischsets, Dosen, Schachteln, Mappen, der Puppenstube usw.

Fingerdruck

Kartoffeldruck

Korkdruck

Spitzendruck

Märchen-Traumkissen

Ab 5 Jahren

Material: ein altes Bettlaken, Moosgummi, Holzbausteine, Stoffmalfarbe

Aus einem alten Bettlaken wird ein „Traumkissen" oder eine „Traumdecke" gestaltet. Dazu Kreise, Dreiecke, Sterne und andere Formen in verschiedenen Größen auf Moosgummi zeichnen, ausschneiden und auf jede Seite eines Holzbausteins eine Moosgummiform kleben. Stoffmalfarbe auf die Moosgummistempelform auftragen und auf den Stoff drucken.

Das Traumkissen (oder die Traumdecke) kann das Kind bei jeder Märchenstunde begleiten.

Bastelspaß mit Pappmaschee & Kleister

Pappmaschee-Grundrezept

Ab 5 Jahren

Material: angerührter Kleister, Zeitungspapierschnipsel, Rührstab, Sieb, 2 große Schüsseln, Sägespäne, Holzleim

Zeitungspapierstückchen in lauwarmem Wasser in einer großen Schüssel einweichen und mit dem Rührstab zerkleinern. Die Masse durch ein großes Sieb in eine Schüssel schütten. Eine Handvoll Sägemehl, etwas Holzleim und mit Wasser angerührten Kleister dazugeben. Alles zu einer geschmeidigen Masse verkneten. Wenn die Masse zu trocken ist, noch etwas Kleister dazugeben.

Aus Pappmaschee können die verschiedensten Formen und Skulpturen hergestellt werden. Skulpturen aus reinem Pappmaschee haben eine recht lange Trockenzeit. Schneller geht es, wenn man für den Kern eine Flasche, einen Joghurtbecher oder eine Papprolle verwendet.

Früchte formen

Ab 5 Jahren

Material: Pappmaschee, Dispersionsfarbe, Stoffreste, Bohnerwachs, Farbpulver

Aus dem Pappmaschee verschiedene Früchte (Äpfel, Bananen, Birnen) formen. Wenn nötig mit einem Stift Löcher für die Stiele eindrücken. Das Pappmaschee-Obst muss sehr lange trocknen, mindestens drei Tage lang.

Wenn das Obst getrocknet ist, die raue Oberfläche mit einer groben Feile glätten und rundherum mit weißer Dispersionsfarbe grundieren. Gut trocknen lassen!

Zum Schluss bekommt das Obst noch Glanz und Farbe: Den Zeigefinger mit einem Stoffrest umwickeln, erst in Bohnerwachs tauchen, dann in Farbpulver, und die Früchte damit einreiben bis sie glänzen.

Die Früchte können gut im Kaufladen-Spiel eingesetzt werden.

Hasen formen

Ab 5 Jahren

Material: 1 großer und 1 kleiner Luftballon, 1 Schere, Watte, angerührter Kleister, Zeitungspapier, Karton, Tempera- und Wasserfarben

Beide Luftballons aufblasen und zuknoten. Den Kleister großzügig auf jedem Blatt Zeitungspapier verteilen und den großen und den kleinen Ballon mit Zeitungspapier umkleistern. Beide Ballons mit bekleisterten Streifen aus Zeitungspapier verbinden. Die Ballons gut trocknen lassen! Den unteren Teil abschneiden und daraus zwei Hasenohren schneiden (siehe Skizze).

Die Ohren mit Kleister an den Kopf kleben. Wenn alles trocken ist, den Hasen mit Farben bemalen.

Tipp: Im Inneren des Hasen kann man sehr gut Ostereier verstecken.

Filzen, weben, sägen

Kugeln oder Bälle filzen

Ab 6 Jahren

Material: Filzwolle als Vlies, aufgelöste Schmier- oder Kernseife, Wasserkocher für heißes Wasser, Wäschesprenger für heißes Wasser

Der Arbeitsplatz sollte wasserfest sein, da es bei Kindern schon einmal zu kleinen Überschwemmungen kommen kann. Hilfreich sind als Unterlage Kofferraummatten aus PVC. Genügend alte Handtücher bereitlegen. Die trockene Schafwolle nicht auf dem gleichen Tisch lagern, auf dem gefilzt wird. Die Wolle sollte nur mit trockenen Händen abgezupft werden, da sie sonst verfilzt.
Beim Formen eines Balles kann der Körper durchgehend aus Schafwolle aufgebaut sein. Einfacher für Kinder ist es jedoch, wenn sie eine vorgefertigte Kugel aus Zeitungspapier, Schaumstoff, Styropor oder einen Tennisball für den Anfang erhalten.
Den Grundkörper in einer Schale mit Seifenwasser befeuchten und mit gezupfter Wolle oder Vlies einpacken. Je feiner die einzelnen Schichten sind, mit denen die Form umwickelt wird, desto schöner wird das fertige Filzmodell. Den Ball immer wieder befeuchten und mit neuen Wollfasern umwickeln, bis das ganze Werkstück gut mit Wolle umhüllt ist.
Zuerst einige Minuten mit streichelnden Bewegungen die Wolle anfilzen und danach mit steigendem Druck reiben, bis die einzelnen Wollfasern miteinander verfilzt sind.
Die Seife gut ausspülen und mit einem Schuss Essigessenz im letzten Spülwasser neutralisieren. Gut ausdrücken und trocknen lassen. Die Trockenzeit kann mehrere Tage dauern.

Tipp: Bevor der Filzvorgang beginnt, sollte die ganze Form regelmäßig zugedeckt sein, damit es später keine Unebenheiten oder Löcher gibt.

Flechten und Weben

Ab 5 Jahren

Als Flecht- und Webmaterial ist alles Biegbare geeignet: Papierstreifen, Geschenkbänder, Ramieband, Bast, Plastikschnur, Wolle, Stoffstreifen, Pflanzen.
Als Flecht- und Webrahmen dienen: (Maschendraht)-Zäune, Geländerstäbe, mit Paketband zusammengebundene Äste, Brettchen mit gebohrten Löchern und bespannten Fäden, mit Fäden bespannte Ringe und Reifen, sowie Rund- und Schulwebrahmen aus dem Handel.

Nagel-Igel

Ab 6 Jahren

Material: Abfälle von Holz oder Stücke von Platten, Säge, Schmirgelpapier, Hammer, Farbe, Leim, Nägel, Garn, Rundholz, Papier

Igelform aussägen und die Kanten glatt schmirgeln. Dann Nägel als Stacheln einhämmern, bemalen und bunte Augen aus Holzperlen aufkleben.

Segelschiff

Ab 6 Jahren

Nach dem gleichen Prinzip können auch Schiffe angefertigt werden. Schiffsform aussägen und die Kanten glatt schmirgeln. An den Schiffsrand Nägel einhämmern und durch die Nägel Wolle flechten (Reling). Im vorderen Drittel mittig ein Loch bohren, das den gleichen Durchmesser hat wie das Rundholz (Mast). Das Rundholz einleimen und mit einem dreieckigen Segel aus Papier bekleben.

Empfehlenswerte Spielmaterialien

- Malkasten oder Malpucks mit Deckweiß und weiche Haarpinsel
- Pastellkreiden oder Pastelstifte
- Filzstifte und Löschstifte
- Glasmalstifte und Glasmalfarben
- Webrahmen
- Werkzeuge: Fuchsschwanz mit kurzem Blatt, Feinsäge, Schreinerhammer (ca. 200 g schwer), kleine Beißzange (130 mm), Nagelbohrer (Satz von 2–6 mm), Schmirgelblock aus Kork, Schmirgelpapier (Körnung 80–150), 1 Packung Nägel unterschiedlicher Art, Dicke und Länge
- Spiele zur Farbwahrnehmung und Farbbenennung
- Bausätze für unterschiedliche Szenarien, z. B. Bauernhof, Burg, Hafen, Bahnhof, Krankenhaus, Polizei etc.
- Holzbausteine
- Stecksysteme, z. B. von Lego, Nopper, Constri, Baufix, Fischertechnik u.a.

Zaubertinte

Ab 5 Jahren

Material: Holunderbeeren, Sieb, Schüssel, Schraubglas

Zunächst die Holunderbeeren mit einer Gabel durch ein stabiles Sieb in eine Schüssel drücken. Die so entstandene „Zaubertinte" in ein Schraubglas füllen und im Kühlschrank aufbewahren. Auf einem Blatt Papier mit Pinsel und Zitronensaft „geheime Symbole" auftragen und trocknen lassen. Anschließend mit Zaubertinte übermalen und schon wird die Geheimschrift sichtbar.

Farben aus der Natur

Ab 5 Jahren

Blüten, Blätter oder Früchte in wenig Wasser so lange kochen, bis ein kräftiger Farbsud entsteht. Je nach Pflanze beträgt die Kochzeit zwischen 5 und 30 Minuten. Den Sud abkühlen lassen und durch ein feines Sieb gießen.

Tipp: Naturfarben sind nicht so intensiv wie industriell gefertigte. Am besten werden sie mit einem dicken weichen Haarpinsel vermalt.
Folgende Pflanzen sind geeignet:

Rot	Rote Beete, Malven- und Hagebuttentee, rote Zwiebelschalen, roter Johannisbeersaft, Kirschsaft, Henna
Blau	Blaubeere, Holunder, Schwarze Johannisbeere, Rotkohl, Brombeere
Gelb	Kamillentee, Möhrenkraut, braune Zwiebelschalen, Birkenblätter, Brennnesseln, Ringelblumen
Grün	Spinat, Klee, Salbei- und grüner Tee

2.5 Singen, Spielen, Musizieren

Zur Entwicklung musikalischer Fähigkeiten

Alle Menschen sind von Geburt an musikalisch, allerdings kann diese angeborene Musikalität verkümmern, wenn sie nicht gefördert wird. Wobei Kinder auch die Freude an der Musik von Geburt an mitbringen und es eigentlich keines großen Aufwands bedarf, diese Freude wachzuhalten. So sind auch in unserer Sprache musikalische Elemente enthalten (Phrasierung, Tonlage, Pausen, Tonhöhe, Rhythmus u.v.m.) und Kinder erlernen die Sprache über diese sprachmelodischen Aspekte. Musik ist also ganz natürlich und nicht aus dem Leben wegzudenken.

Das drei- bis vierjährige Kind lauscht bereits sehr konzentriert der Musik. Es hält beim Wahrnehmen von Musik inne und kann tonale von atonalen Melodien unterscheiden. Es singt spontan, klatscht und marschiert zur Musik, baut Lieder in sein Rollenspiel ein oder erfindet Melodien aus seiner emotionalen und seelischen Befindlichkeit heraus. Viele Eltern beobachten bei ihrem Kind, dass es sein Tun mit frei erfundenen Melodien begleitet. Dabei erscheinen die Texte des Gesanges mitunter „sinnlos". Jedoch entwickelt das Kind dadurch viele Fähigkeiten, wie z. B. Kreativität, Fantasie, es erweitert seinen Wortschatz und der Sprachsinn wird gefördert, da Singen das Zusammenspiel beider Gehirnhälften fördert.

Rhythmen nachzuklatschen gelingt in diesem Alter nur ansatzweise, dagegen ist eine Unterscheidung unterschiedlicher Tempi wie langsam oder schnell für die Kinder kein Problem.

Zwischen vier und fünf Jahren nimmt das Kind verschiedene Elemente der Musik wahr und kann bei entsprechender Übung den Takt richtig schlagen. Es entwickelt ein Gefühl für das Metrum und das Einhalten eines Metrums. Harmonisch klingende Musik wird gegenüber dissonanter bevorzugt. Unter Anleitung kann es schon mit anderen Kindern gemeinsam musizieren, z. B. auf Orff-Instrumenten. Dabei kann ein „Wir-Gefühl" entstehen, das das Zusammengehörigkeitsgefühl der Gruppe stärkt.

Mit fünf Jahren ist das Kind bereits in der Lage, zu bekannten Melodien eigene Texte zu entwerfen.

Mit sechs Jahren ist das Kind besonders aufnahmefähig, ein Instrument zu lernen. Es verfügt über ein breites Repertoire an Kinderliedern, kann Lieder singen und auch kompliziertere Rhythmen über zwei Takte nachahmen. Es hat große Freude daran, mit dem ganzen Körper Musik oder Lieder in Bewegung umzusetzen.

Lena (4;2) besucht seit einem Jahr einmal wöchentlich mit ihren Eltern den „Musikgarten" der städtischen Musikschule. Sie singen, tanzen und machen gemeinsam musikalische Spiele. Heute hat die Musiklehrerin Trommeln mitgebracht. Wenn man mit beiden Händen daraufschlägt, dann macht das „rumdibumm"! Lena und ihr Vater spielen das „Echo-Spiel": Immer wenn Papa etwas trommelt, dann muss Lena das nachtrommeln. Jetzt fängt Lena an. Mal sehen, ob Papa das auch nachtrommeln kann?

Im Kindergartenalter ist es wichtig, das natürliche Bedürfnis von Kindern nach musikalischer Betätigung zu unterstützen. Denn Musik macht Spaß, entspannt, fördert Kommunikationsfähigkeit und Erlebnistiefe, macht erfinderisch und stärkt den persönlichen Ausdruck und die Genussfähigkeit; allerdings nur dann, wenn Kinder nicht zu musikalischen Leistungssportlern getrimmt oder zur Musik gezwungen werden.

Tipps zur Förderung der Musikalität

- Gemeinsam mit Kinder singen: Viele verschiedene Lieder mit allen Strophen singen, auch zu Hause die Lieder singen, die das Kind im Kindergarten gelernt hat. Dabei Variationen einbauen: Lieder in verschiedenen Tonlagen, Tempi und Lautstärken singen oder einzelne Liedteile durch Gesten ersetzen; einen Liedanfang summen oder klatschen und raten lassen.
- Dem Kind viele Arten von Musik anbieten, z. B. klassische Musik, Unterhaltungsmusik, Rock, Beat, Jazz.
- Tierlaute und Alltagsgeräusche bewusst wahrnehmen und nachmachen, z. B. Vogelgesang, Staubsauger, Türschelle, Motorengeräusch ... Geräusche und Töne mit dem Kassettenrecorder aufzeichnen und raten lassen.
- Dem Kind Gelegenheit geben, verschiedene Instrumente kennenzulernen, z. B. bei Bekannten, in einem Musikgeschäft, in der Musikschule, bei Musikzügen oder in einem Konzert für Kinder. Einfache Geräuschinstrumente selbst herstellen und damit experimentieren.
- Melodien in Bewegung umsetzen, z. B. bei hohen Tönen die Arme in die Luft strecken und auf Zehenspitzen gehen, bei tiefen Tönen in die Hocke gehen und sich im Zwergengang bewegen. Die Bewegungen ebenfalls dem jeweiligen Musiktempo anpassen.
- Das Kind in die sachgemäße Bedienung eines Radios, CD-Spielers und Kassettenrekorders einführen. Es kann dann selbstständig seine Musik- oder Hörspielwünsche auswählen und entscheiden, ob, wann, was und wie es hören möchte. Durch wiederholtes Anhören von Liedern, Musikstücken oder Hörspielen wird das Gedächtnis für Ton- und Wortfolgen geschult.

Der Löwe ist los und andere Hör-Spiele

Hänschen, piep einmal

Ab 5 Jahren

Alle sitzen im Kreis. Ein Mitspieler steht mit verbundenen Augen in der Kreismitte; dann setzt er sich auf den Schoß eines beliebigen Mitspielers und sagt: „Hänschen piep einmal!“ Der Mitspieler gibt einen Piep-Ton von sich. Der Spieler mit den verbundenen Augen hat nun einige Versuche zu erraten, um wen es sich handelt. Er darf auch die Knie oder Beine befühlen, um zu erkennen, um wen es sich handeln könnte.

Im Spinnennetz

Ab 5 Jahren

Alle sitzen im Kreis. Ein Kind sitzt als Spinne mit geschlossenen oder verbundenen Augen in der Kreismitte, das ist das Zentrum des Spinnennetzes, auf dem Boden. Ein Mitspieler aus dem Kreis lässt einen kleinen Gegenstand, z. B. ein Bonbon, in das Spinnennetz fallen. Die Spinne muss herausfinden, aus welcher Richtung das Geräusch kam.

Wer hat das Glöckchen

Ab 4 Jahren

Material: 1 Glöckchen

Ein Spieler verlässt den Raum. Alle sitzen im Kreis und halten die Hände auf dem Rücken, ein Mitspieler hat ein Glöckchen in der Hand. Nun kehrt der Spieler wieder in den Kreis zurück. Das Glöckchen ertönt und der Spieler muss herausfinden, wer das Glöckchen hinter seinem Rücken versteckt hält.

Zauberkreis

Ab 4 Jahren

Alle Kinder stehen im „Zauberkreis“, der durch ein Seil oder mit Kreide markiert ist. Der Zauberer spielt oder singt eine Melodie, zu der sich alle im Kreis bewegen, ohne auf die Linie zu treten. Endet die Melodie, bleiben alle wie verzaubert stehen. Sie können nur erlöst werden, wenn sie nach der Berührung mit dem Zauberstab ein Geräusch von sich geben oder etwas singen.

Der Löwe ist los

Ab 4 Jahren

Material: 1 Stuhl weniger als Mitspieler

Ein Spieler ist der Zoobesucher, er verlässt den Raum. Ein Spieler ist der Zoowärter. Alle übrigen Spieler sind Zootiere (Affen, Löwen, Elefanten ...). Der Zoowärter hat vergessen, die Käfige abzuschließen, und die Tiere haben ihre Käfige (Stühle) getauscht. Nun betritt der Zoobesucher den Zoo. Er geht von Käfig zu Käfig und fragt: „Welches Tier bist du?", woraufhin das befragte Tier einen Laut von sich geben muss. Kommt er zu dem Zoowärter, antwortet dieser: „Ich bin der Zoowärter!" Alle Mitspieler springen auf, wechseln die Käfige, und der Zoobesucher muss auch einen Käfig ergattern. Derjenige, der keinen Käfig gefunden hat, ist in der nächsten Spielrunde der neue Zoobesucher.

Fahrzeuge raten

Ab 5 Jahren

Jeder denkt sich ein Fahrzeug aus, mit dem er gern verreisen möchte. Abwechselnd ahmt ein Spieler die typischen Bewegungen und Geräusche nach, während der andere Spieler erraten muss, um welches Fahrzeug es sich handelt.

Klatschpost

Ab 5 Jahren

Der erste Spieler klatscht einen Rhythmus. Sein linker Nachbar nimmt den Rhythmus auf und gibt diesen wiederum an seinen linken Nachbarn weiter usw., bis der Rhythmus wieder bei dem ersten Spieler angekommen ist. Hat er sich verändert?

Bello, Bello, dein Knochen ist weg

Ab 4 Jahren

Material: Schlüsselbund oder Glocke

Alle Kinder sitzen im Kreis. Nun wird der erste „Bello" ausgewählt, dieses Kind beginnt das Spiel. Es setzt sich in die Mitte des Kreises auf die Knie und versteckt den Kopf unter den Armen, sodass es nichts mehr sieht.
Der Erwachsene legt einen Schlüssel oder eine Glocke als Knochen vor „Bello". Nun müssen alle ganz still sein. Ein Kind wird ausgewählt, das „Bello" ganz vorsichtig seinen Knochen wegnimmt. Anschließend geht es in den Stuhlkreis zurück, alle Kinder verschränken ihre Arme hinter dem Rücken und rufen: „Bello, Bello, dein Knochen ist weg!" „Bello" erwacht und muss sich ein Kind aus dem Kreis aussuchen, das seiner Meinung nach den Knochen hat. „Bello" krabbelt zu dem Kind und bellt es kräftig an. Das angebellte Kind muss seine Hände vorzeigen – sind sie leer, muss „Bello" weitersuchen und andere Kinder anbellen, so lange, bis er seinen Knochen wiedergefunden hat.

Ich packe meinen Koffer und nehme Krx, Boing und Bumbum mit

Ab 5 Jahren

Die Kinder bilden einen Sitzkreis. In der Mitte steht ein Koffer (oder Ähnliches). Der Erwachsene erklärt, dass der Hörkoffer gepackt wird. Das erste Kind sagt: „Ich packe meinen Koffer und nehme ... mit." Dazu erzeugt es ein körpereigenes Geräusch. Das nächste Kind wiederholt den Satz samt dem Geräusch und fügt ein neues Geräusch hinzu.

Lieder in Bewegung

Wie geht meine kleine Geige? (Text und Melodie überliefert)

Ab 4 Jahren

2. Wie geht meine kleine Flöte?
   Huliuh, huliuh,
   geht meine kleine Flöte.
3. Wie geht meine Klarinette?
   Näng, bläng, bläng, näng, bläng, bläng,
   geht meine Klarinette.
4. Wie geht meine Mandoline?
   Zimpe, zimpe, zirr, zimpe, zimpe, zirr,
   geht meine Mandoline.
5. Wie geht mein großer Brummbass?
   Schrumm, wo, wo, schrumm, wo, wo,
   geht mein großer Brummbass.
6. Wie geht mein dicker Dudelsack?
   Dudl, dudl, dudl, dudl, dudl, dudl,
   geht mein dicker Dudelsack.

Alle Kinder setzen sich in einen Kreis. Während die Strophen gesungen werden, stellen die Kinder das jeweilige Instrument pantomimisch dar

Drei Chinesen mit dem Kontrabass (Text und Melodie überliefert)

Ab 5 Jahren

2. Draa Chanasan mat dam Kantrabass
saßan aaf dar Straßa and arzahltan sach was.
Da kam daa Palazaa: „Ja, was ast dann das?“
Draa Chanasan mat dam Kantrabass.

In jeder weiteren Strophe wird ein anderer Vokal oder Diphthong eingesetzt, also e, i, o, u oder ä, ö, ü, au, ei, eu.

Oh heppo di taja he (Text und Melodie überliefert)

Ab 4 Jahren

Dieses Lied wird mit Bewegungen begleitet: Zuerst auf beide Oberschenkel klatschen, dann die Arme kreuzen und wieder auf die Oberschenkel klatschen. Auf den dritten Schlag die Hände wieder entkreuzen und erneut auf die Oberschenkel klatschen. Am Ende der Strophe in die Hände klatschen.

Spielen mehrere Kinder mit, dann können sie sich in den Kreis setzen und folgende Bewegungen ausführen: Bei „Oh“ die Arme in die Mitte strecken und mit den Fingern zappeln. Bei „Heppo“ mit beiden Händen auf die Oberschenkel des rechten Nachbarn patschen. Bei „Di“ auf die eigenen Oberschenkel patschen und bei „Ta“ auf die Schenkel des linken Nachbarn. Bei „Ja“ schließlich wieder auf die eigenen Oberschenkel und dann beginnt das Patschen wieder von vorne.

Musikalisches Würfelspiel

Musikalisches Würfelspiel

Ab 5 Jahren

Material: selbst gestaltetes Spielbrett aus Fotokarton in der Größe DIN A3, 1 Würfel, 2–4 Spielfiguren

Auf dem Fotokarton wird eine Spirale mit 40 Spielfeldern gezeichnet. Mit Ausnahme des Start- und Zielfeldes steht in jedem Feld eine musikalische Spielaufgabe. Reihum würfeln. Der Spieler, dessen Spielfigur auf einem Spielfeld landet, muss die entsprechende Aufgabe sofort ausführen. Wer als erster das 40. Spielfeld erreicht hat, ist Sieger.

1 Start
2 Horche auf die Geräusche von draußen! Nenne drei Geräusche, die du hörst.
3 Summe wie eine Biene.
4 Pfeife wie ein Kanarienvogel
5 Zische wie eine Schlange
6 Wie macht die Katze?
7 Schnipse sieben Mal mit deinen Fingern.
8 Trommele auf einem Stuhl oder Ähnlichem einen Wander-Rhythmus
9 Spiele auf dem Glockenspiel einen Rhythmus im 4/4 Takt.
10 Gehe zurück auf Nummer 2.
11 Singe ein Lied vor.
12 Tanze einmal um den Tisch herum.
13 Ahme eine Uhr nach.
14 Gehe drei Felder weiter.
15 Denke dir eine Melodie aus.
16 Klatsche den Rhythmus eines Liedes
17 Summe ein Lied.
18 Mache genau das, was dein Spielpartner macht.
19 Du musst einmal aussetzen.
20 Erzähle einen Witz oder ein Rätsel.
21 Brumme! Warte bis du erlöst wirst.
22 Schnalze 22mal mit der Zunge.
23 Halte eine Minute lang deinen Mund geschlossen.
24 Singe so hoch wie möglich.
25 Würfle noch einmal.
26 Klatsche deinen Namen.
27 Puste mit einem Trinkhalm in ein Glas mit Wasser und blubbere eine Melodie
28 Puste einen Luftballon auf.
29 Du sitzt im Gefängnis, einmal aussetzen.
30 Singe so tief du kannst.
31 Du verkaufst Rasseln auf dem Markt.
32 Ahme ein Haustier oder ein Instrument nach.
33 Stecke ein Löschblatt zwischen die Zacken eines Kamms und blase eine Melodie.
34 Singe ein unanständiges Lied.
35 Imitiere ein fallendes Blatt.
36 Stampfe oder steppe mit den Füßen einen Rhythmus.
37 Male ein Musikinstrument
38 Sei still wie eine Maus.
39 Würfle und gehe die Anzahl der geworfenen Augen zurück.
40 Ziel

Empfehlenswerte Spielmaterialien

Grundausstattung
siehe S. 48

Geräuschinstrumente zum Selbermachen

Bananenrassel

Ab 5 Jahren

***Material:** Bananen als Stützformen, eine Portion Mehlkleister, alte Zeitungen, Vaseline, Cutter, weiße Emulsionsfarbe, Pinsel, Plakafarbe, Glöckchen, trockener Sand oder Kies*

Die Banane mit Vaseline rundum einreiben. Zeitungspapier in kleine Stücke reißen und die Frucht damit bekleben. Trocknen lassen. Danach noch drei Lagen kleben, aber nach jeder Lage immer einen Trockengang einlegen. Die Form der Länge nach mit einem Cutter aufschneiden, sodass die Frucht von der Pappschale gelöst wird (Arbeit für den Erwachsenen). Eine Schalenhälfte mit einem Glöckchen oder einer Handvoll Sand oder Kies füllen, die Hälften wieder aufeinander legen und die Nahtstellen kreuz und quer mit Papierstreifen bekleben. Trocknen lassen und mit weißer Emulsionsfarbe grundieren. Wenn die Grundierung ganz trocken ist, kann die Banane fantasievoll bemalt werden.

Aus den Bananenfrüchten wird ein Bananengetränk oder eine andere Bananenspeise hergestellt.

Glöckchenarmband

Ab 4 Jahren

***Material:** 3 bunte Pfeifenreiniger, 3–5 runde Metallglöckchen*

Die Pfeifenreiniger umeinander drehen oder flechten und die Glöckchen in Abständen einarbeiten. Das Glöckchenband dem Handgelenk des Spielers anpassen und die Enden gut umeinanderwickeln.

Käseschachtel-Perlen-Klapper

Ab 5 Jahren

***Material:** 1 runde Käseschachtel aus Pappe, 1 Rundholz, 4 Holzperlen, Schnur, Schere, Klebstoff, Filzstifte*

An den seitlichen Rand der Käseschachtel rechts und links jeweils ein kleines Loch bohren. Die Holzperlen an vier Schnüren aufziehen, festknoten, durch die Löcher an den Rändern der Käseschachtel stecken und mit einem Knoten befestigen. Die Schnüre müssen so lang sein, dass sie beim Drehen der kleinen Trommel gegen die Käseschachtel schlagen können. Die Käseschachtel mit dem Deckel gut verkleben. Mit der Schere am Rand der geschlossenen Käseschachtel oben und unten ein Loch schneiden, das Rundholz quer durchstecken, sodass es oben ca. 2 cm herausschaut und festkleben. Nach Belieben kann die Drehtrommel noch bemalt werden.

Durch schnelle Drehbewegungen der Hand schlagen die Perlen an die Käseschachtel, wodurch ein lautes Klappergeräusch entsteht.

2.6 Ich, Du, Ihr, Wir

Zur sozialen Entwicklung

Je älter das Kind wird, desto häufiger kommt es mit anderen Kindern und Erwachsenen in Kontakt. Im Kindergarten ergeben sich neue Möglichkeiten, soziale Beziehungen aufzubauen. Das Kind strebt von sich aus nach Gruppensituationen, was von den Eltern in jeder Weise unterstützt werden sollte. Im vierten Lebensjahr kann das Kind bereits mit zwei oder mehreren Kindern umgehen und spielen. Allein spielt es nur noch sehr ungern. Steht kein geeigneter Spielkamerad zur Verfügung, nimmt es auch mit einem jüngeren Kind vorlieb, wobei es dann gerne den Besserwisser oder Aufpasser herauskehrt. Das Spiel mit den Geschwistern wird meist erst jetzt interessant. Mit der sprachlichen Sicherheit wächst auch die soziale Selbstständigkeit. Das Kind geht allein zu Freunden, spricht fremde Leute an, macht Besuche und möchte gern z. B. zu Kindergeburtstagen eingeladen werden. Das fünfjährige Kind spielt gerne mit Freunden. In einer kleinen Spielgruppe von zwei bis vier Kindern fühlt es sich wohl und es entsteht ein „Wir-Gefühl". Hinzukommende werden mitunter als störend empfunden und vom Spiel ausgeschlossen. Dabei entwickeln sich ausgeprägte Sympathien und Antipathien. Es kommt häufig zu Streitigkeiten, die ohne Hilfe des Erwachsenen noch nicht geschlichtet werden können.

Im Kindergarten sind oft „soziale Rollenspiele" zu beobachten. Dazu wird eine entsprechende Spielsituation geschaffen, z. B. das Kind kommt zum Arzt und wird von ihm behandelt. Die Rolle wird über eine bestimmte Zeit hinweg gespielt, kann aber innerhalb des Spiels gewechselt oder sogar verlassen werden, da das Kind besondere Spielanweisungen geben will, z. B. „Du bist jetzt mal unser Baby!" Die Sprache ist beim sozialen Rollenspiel sehr wichtig. Sie dient einerseits dazu, dieses „Tun-als-ob" herzustellen, zum anderen aber auch dazu, das Spiel zu planen, anzuordnen und sogar zu kritisieren, z. B. „Du kannst ja überhaupt nicht richtig Baby spielen!" Diese Rollenspiele sind für die soziale Entwicklung des Kindes von großer Bedeutung; es lernt zu kooperieren, sich in andere Rollen einzufühlen, andere zu akzeptieren und Kompromisse einzugehen.

Das soziale Verhalten wird durch geeignete Verhaltensmodelle in der Familie gefördert. Das Kind übernimmt Werte und Haltungen der Eltern auch dann, wenn sie seinen eigenen Interessen nicht entsprechen. Vor allem der gleichgeschlechtliche Elternteil ist sein Vorbild, eine wichtige Voraussetzung zum Finden der eigenen Geschlechtsrolle.

Im sechsten Lebensjahr können aus den anfänglichen Spielbeziehungen echte Freundschaften werden. Die Meinungen und Wünsche der anderen werden respektiert, und das Verhalten ist nicht mehr ausschließlich von den eigenen Interessen bestimmt.

Ein verregneter Sonntag. Aber Familie Wunderlich lässt sich nicht unterkriegen und beschließt, einen Spielenachmittag zu machen. Jeder darf sich ein Spiel aussuchen. Paul (5;6 Jahre) weiß schon, was er spielen will: „Burgritter". Da muss man eine echte Ritterburg aufbauen und es gibt auch ein Gespenst. Das macht super Spaß. Papa und er können dabei richtig gut zusammenspielen. Josefine (8;5 Jahre), Pauls große Schwester, findet das Spiel langweilig. Sie will immer nur Spiele spielen, bei denen sie gewinnen kann. Aber das findet Paul doof.

Tipps zur Förderung des sozialen Verhaltens

- Vielseitige und unterschiedliche Kommunikationsmöglichkeiten schaffen: bei Spielnachmittagen und Kinderfesten zu Hause oder bei anderen Kindern, im Kindergarten, mit Nachbarskindern, auf dem Spielplatz.
- Das Kind auf den Eintritt in den Kindergarten vorbereiten, durch regelmäßige Besuche einer Spielgruppe, Spielplatzbesuche, Bilderbücher zum Thema Kindergarten.
- Kooperatives und solidarisches Verhalten fördern: z. B. eigenes Spielzeug an befreundete Kinder verleihen; mehrere Kinder verabreden sich, um einen kranken Freund zu besuchen etc.
- Verhaltensregeln gegenüber Fremden einüben: sich nicht zu weit vom Wohnbereich entfernen, nicht im Dunkeln alleine draußen spielen, nicht mit Fremden mitgehen oder ins Auto einsteigen, keine Geschenke von Fremden annehmen, sich nur bei tatsächlichem Einverständnis anfassen lassen, ggf. den Eltern davon berichten.
- Über gesellschaftliche Regeln und Normen sprechen und Verabredungen treffen, welche das Kind übernehmen sollte, z. B. grüßen, danken, verabschieden, ausreden lassen, zuhören, antworten usw.
- In Konfliktsituationen benötigt das jüngere Kind noch die Hilfe des Erwachsenen. Dieser sollte jedoch behutsam eingreifen, denn je mehr es in Schutz genommen wird, desto weniger Selbstsicherheit kann es entwickeln.
- Die Selbstständigkeit und Autonomie älterer Kindergartenkinder unterstützen, z. B. durch kleine Aufträge (Einkaufen, Brief zur Post bringen); das Kind darf bei Freunden oder Verwandten übernachten oder einen speziellen Kurs ohne Begleitung der Eltern besuchen.
- Kontakte zu alten Menschen pflegen, insbesondere zu den Großeltern, um deren Anschauungen und Verhaltensweisen besser kennenzulernen.
- Kontakte zu behinderten Menschen aufnehmen, z. B. durch den Besuch einer integrativen Einrichtung. Falls das nicht möglich ist, anhand von Bilderbüchern mit dem Kind darüber ins Gespräch kommen.
- Gemeinsam mit dem Kind öffentliche kommunale Einrichtungen besuchen, z. B. Rathaus, Polizei, Bahnhof, Post, Kirche, Bücherei, Theater, Museum usw. Dabei erfährt das Kind, welche Aufgaben diese Institutionen haben und was dort evtl. für Kinder getan wird.

Kooperative Spiele

Bei kooperativen Spielen treten die Mitspieler nicht gegeneinander an, um einen einzigen Sieger zu ermitteln, sondern versuchen gemeinsam zum Ziel zu kommen.

Rücken-Bilder

Ab 5 Jahren

Paare bilden, die sich so hintereinander aufstellen, dass ein Spieler den Rücken des anderen vor sich hat. Nun malt der eine Spieler dem anderen Spieler mit dem Finger eine Form auf den Rücken, z. B. ein Dreieck, einen Kreis, einen Buchstaben, eine Zahl oder Ähnliches. Der andere Spieler soll erfühlen, was für eine Form das gewesen ist. Nach einiger Zeit wird gewechselt.

Alle Vögel fliegen hoch

Ab 4 Jahren

Die Mitspieler versammeln sich um einen Tisch. Während alle Kinder mit den Fingern auf den Tisch trommeln, ruft der erwachsene Spielleiter: „Alle Vögel fliegen hoch!" Bei diesen Worten heben alle Kinder die Hände in die Luft. Beim nächsten Mal ruft der Spielleiter vielleicht aber: „Alle Tische fliegen hoch!" Wer nun seine Hände erhoben hat und nicht weiter trommelt, muss ein Pfand zahlen.

Das Spiel ist besonders spannend, wenn die Aufgaben ein bisschen knifflig gestaltet sind oder durch Wiederholungen Verwirrung gestiftet wird.

Schatzkammer

Ab 5 Jahren

Material: Legosteine, kleine Halbedelsteine oder bemalte Steinchen, Würfel

Zuerst wird aus Legosteinen eine Pyramide mit sechs Stufen gebaut, wobei die sechste Stufe das Dach bildet, auf dem ein Fähnchen aufgesteckt wird (siehe Skizze).

Spielablauf: Jeder Spieler hat sechs Steinchen, die den Schatz darstellen sollen. Der Schatz muss auf das Dach der Pyramide befördert werden. Es wird reihum gewürfelt. Wenn eine 1 kommt, darf ein Steinchen von unten auf die erste Stufe gelegt werden und der Spieler darf noch einmal würfeln. Wirft jemand eine 2, so darf ein Steinchen von der ersten auf die zweite Stufe wandern, bei 3 von der zweiten auf die dritte usw. Auf keiner Stufe darf mehr als ein Steinchen zur gleichen Zeit liegen, also muss man sich gegenseitig helfen. Das Spiel ist zu Ende, wenn die Schatzkammer gefüllt ist.

Bierdeckel-Turm

Ab 5 Jahren

Material: Bierdeckel, Schere

Die Bierdeckel werden bis zur Mitte eingeschnitten und beliebig zu einem Turm zusammengesteckt. Der entstehende Turm kann angemalt und mit Toilettenrollen verstärkt oder vergrößert werden.

Hochstapeln

Ab 5 Jahren

Material: ein Stuhl pro Teilnehmer, UNO Spielkarten

Die Mitspieler sitzen im Kreis. Jeder bekommt eine Spielkarte, deren Farbe er sich merken muss. Der Spielleiter sammelt die Karten wieder ein, mischt sie und hebt immer die oberste Karte ab und sagt deren Farbe. Wessen Farbe genannt wurde, der darf einen Stuhl nach rechts rutschen. Sitzt dort bereits jemand, so muss er sich auf dessen Schoß setzen. Es wird die nächste Karte gezogen und wieder wird weitergerutscht. Dadurch können sich mehre „Schoßhochstapel" bilden, denn man darf nur dann den Platz wechseln, wenn niemand auf dem eigenen Schoß sitzt. Ist der erste Spieler wieder an seinem Ausgangspunkt angekommen, ist die Spielrunde beendet.

Die andere Reise nach Jerusalem

Ab 5 Jahren

Material: pro Teilnehmer ein Stuhl, Musik

Die Stühle werden wie bei dem Spiel „Die Reise nach Jerusalem" aufgestellt, einer weniger als Mitspieler. Wenn die Musik aufhört, müssen sich alle auf die Stühle stellen. Bei jeder Runde wird ein Stuhl weggenommen, aber kein Teilnehmer scheidet aus, d. h. alle Teilnehmer müssen auf so wenige Stühle passen wie möglich.

Pfeifenputzersuche

Ab 5 Jahren

Material: Pfeifenputzer

Ein Spieler befestigt 3 Pfeifenputzer sichtbar an seiner Kleidung. Ein anderer Spieler schließt die Augen und versucht blind, die Pfeifenputzer zu finden. Als Hilfe zum Finden kann „Heiß" und „Kalt" gesagt werden. Danach Rollentausch.

Paar-Memory

Ab 4 Jahren

Material: von verschiedenen Materialien jeweils 1 Paar

Der erwachsene Spielleiter versteckt vor dem Spiel paarweise verschiedene Materialien, z. B. zwei Legosteine, zwei Playmobilfiguren, zwei Toilettenpapierrollen, zwei Murmeln usw. Die Spielerpaare machen sich gemeinsam auf die Suche. Hat ein Spieler etwas gefunden, muss der Partner das Gegenstück finden, erst dann geht die gemeinsame Suche weiter.

Variante: Statt jeweils zwei gleiche Materialien können es auch zwei Dinge versteckt werden, die zusammengehören, z. B. Spielzeugauto – Rad; Pferd – Reiter; leerer Joghurtbecher – Plastiklöffel; Kastanie – Kastanienblatt

Handklatschspiele

Charlie Chaplin

Ab 6 Jahren

Zwei Spieler stehen sich gegenüber, sprechen die ersten beiden Zeilen und führen pro Silbe nacheinander folgende Bewegungen aus:
In die eigenen Hände klatschen / beide Spieler klatschen sich gegenseitig in die rechte Hand / in die eigenen Hände klatschen / beide Spieler klatschen sich gegenseitig in die linke Hand / in die eigenen Hände klatschen / beide Spieler klatschen sich gegenseitig in die rechte Hand ...

Charlie Chaplin wollt verreisen,
kaufte sich vier Sachen ein.
Das Erste war ein Hoola Hoop. . . . . *Hüften kreisen lassen,*
Das Zweite war ein Lexikon. . . . . *Hände reiben,*
Das Dritte war ein Chachacha. . . . . *seitlicher Wechselschritt,*
Das Vierte war ein Charlie Chaplin. . . . . *Charlie Chaplins Gehbewegung imitieren.*

Ich ging zum Doktor Wullewulle

Ab 5 Jahren

Zwei Spieler stehen sich gegenüber und klatschen sich in die gegenüberliegenden Hände.

Ich ging zum Doktor Wulle Wulle Wull . . . . *Hände umeinander drehen,*
mit meiner Schwester Kille Kille Kill, ... *Partner kitzeln,*
mit meinem Bruder Box Box Box, ... *Partner leicht boxen,*
er sagt, ich sei ein Ochs Ochs Ochs. . . . . *Hörner zeigen.*

Wir sagen No!

Ab 6 Jahren

Zwei Spieler stehen sich gegenüber, sprechen den Vers und führen die entsprechenden Bewegungen aus.

Wir sagen no, no, no, ... *Mit dem Zeigefinger winken,*
wir sagen si, si, si, ... *mit dem Kopf nicken,*
wir sagen no, ... *mit dem Zeigefinger winken,*
wir sagen si, ... *mit dem Kopf nicken,*
wir sagen:
em, pom, pie, kolonie, kolonastik,
em, pom, pie, kolonie,
akademi,
safari,
akademi
puffpuff!

bei jeder Silbe abwechselnd in die eigenen Hände klatschen, dann die linke Hand des Gegenübers, die rechte Hand des Gegenübers, dann wieder in die eigenen Hände usw. Zum Schluss mit beiden Händen zweimal in die Handflächen des Partners klatschen.

Bei Müllers hat's gebrannt

Ab 5 Jahren

Zwei Spieler stehen sich gegenüber. Ein Spieler hält eine Hand oben mit der Handfläche nach unten weisend, seine andere Hand befindet sich unten, mit der Handfläche nach oben weisend. Der zweite Spieler schlägt nun mit seinen Handflächen in die des anderen Spielers. Bei den Wiederholungen der Silben wie „brannt, brannt, brannt", klatscht jeder dreimal in die eigenen Hände.

Bei Müllers hat's gebrannt -brannt -brannt,
da bin ich hingerannt -rannt -rannt.
Da kam ein Polizist -zist- zist,
der schrieb mich auf die List', List', List'.
Die List', die fiel in' Dreck, Dreck, Dreck,
da war mein Name weg, weg, weg.
Da lief ich schnell nach Haus, Haus, Haus,
zu meinem Bruder Klaus, Klaus, Klaus,
und die Geschicht' war aus, aus, aus.

Wenn wir schau'n, schau'n, schau'n

Ab 5 Jahren

Zwei Spieler stehen sich gegenüber, sprechen den Reim und führen dabei die gleichen Handklatschbewegungen wie im Spiel „Charlie Chaplin" aus.

Wenn wir schau'n, schau'n, schau'n
über'n Zaun, Zaun, Zaun
in das schöne Land Tiro-o-ol.
Widewitt bum, bum, im Schuhkarton,
alle Affen, die da gaffen, machen Mäh!

Oh money

Ab 5 Jahren

Zwei Spieler stehen sich gegenüber, sprechen den Endlosreim und klatschen dabei rhythmisch im Wechsel in die Hände und auf die Oberschenkel. Die erste Silbe in jedem Vers wird immer lang gezogen:

Oh money, money, money,
klatscharola, tschi tschi dei,
tschi, tschi, dei, dei, dei,
Papa-gei-gei-gei.

Der Seppel, Seppel, Seppel,
klaut die Äppel, Äppel, Äppel.
Für das Lieschen die Radieschen
und Rhabarber für den Schwager.

Der Koch, Koch, Koch,
fiel ins Loch, Loch, Loch,
ganz, ganz tief, tief, tief
bis er rief, rief, rief: Oh money ...

Handgeschichte

Ein kleines Stachelschwein (überliefert)

Ab 4 Jahren

Der Erwachsene spricht die Handgeschichte mit entsprechenden Bewegungen, das Kind spricht und ahmt nach.

1. Ein kleines Stachelschwein,
   wollte nicht alleine sein.
   Drum lief es in die Welt,
   durch Wald und Tal und Feld.

2. Es sprach zur kleinen Katze:
   „Komm reich mir deine Tatze!"
   Die Katze sagte: „Nein,
   du piekst, du Stachelschwein."

3. Es sprach zur kleinen Maus:
   „Darf ich wohl in dein Haus?"
   Die Maus, die sagte: „Nein,
   du piekst, du Stachelschwein."

4. Es sprach zum kleinen Bär:
   „Ach, komm mal zu mir her!"
   Der Bär, der sagte: „Nein,
   du piekst du Stachelschwein."

5. Es sprach zum kleinen Reh:
   „Komm doch mit mir zum See!"
   Das Reh, das sagte: „Nein,
   du piekst, du Stachelschwein."

6. Es sprach zum Regenwurm:
   „Komm, wir bauen einen Turm!"
   Der Regenwurm sprach: „Nein,
   du piekst du Stachelschwein."

7. Es sprach zum kleinen Igel:
   „Komm, wir tanzen vor dem Spiegel!"
   Der Igel sagte: „Klar!
   Das ist doch wunderbar."

8. „Mein liebes Stachelschwein,
   wir wollen Freunde sein.
   Zieh deine Stacheln ein
   Und komm zu mir herein!"

Für das Stachelschwein die Finger einer Hand spreizen, der gestreckte Daumen bildet den Kopf des Stachelschweins. Den Daumen bewegen, sobald das Stachelschwein spricht. Die Finger der zweiten, zunächst geschlossenen Hand sind die Tiere, die dem Stachelschwein begegnen. Nacheinander für jedes Tier die Finger aufstellen und die Hand verneinend bewegen. Zuletzt bildet die ganze Hand mit den abgespreizten Fingern den Igel. Stachelschwein und Igel tanzen mit den Daumen umschlungen und ziehen langsam ihre Stacheln (Finger) in die Faust, um schließlich hinter dem Körper zu verschwinden.

Empfehlenswerte Spielmaterialien

- Rollenspielmaterialien Puppenhaus
- Angelspiel
- Mikado
- Domino
- Memory

Kooperative Gesellschaftsspiele für die ganze Familie

Mensch ärgere dich nicht – mit neuen Regeln!

Ab 5 Jahren

Material: ein Mensch-ärgere-dich-nicht-Spiel, Karteikarten, Stift, Münze

Vor dem Spiel werden gemeinsam Karten mit Spielaufgaben geschrieben (Hüpfe auf einem Bein, Pfeife ein Lied, Geh einmal rückwärts um den Tisch herum, Erzähle einen Witz etc.). Die Karten werden verdeckt neben dem Spielbrett gestapelt. Danach beginnt das Spiel wie üblich, allerdings mit folgenden neuen Spielregeln: Begegnen sich zwei Spielfiguren auf demselben Feld, so müssen die Besitzer der Figuren gemeinsam um den Tisch herumlaufen. Wer eine 6 würfelt, darf noch einmal würfeln und eine Münze auf ein beliebiges Feld legen. Kommt ein anderer Spieler mit seiner Figur auf das Feld mit der Münze, muss er eine Karte vom Stapel aufdecken, die Aufgabe vorlesen und ausführen. Stehen auf einem Feld zwei Spielfiguren derselben Farbe, so muss der Besitzer dieser Figuren etwas zur Versorgung der Mitspieler beitragen, z. B. etwas zu essen oder zu trinken anbieten. Die beiden Spieler, die zuerst den „Himmel" erreichen, dürfen etwas für die anderen tun, z. B. eine Geschichte vorlesen. Sie schlagen ein neues Spiel vor.

Malefiz – mit neuen Regeln

Ab 6 Jahren

Material: ein Malefiz-Spiel, Papier, Stifte

Die Spielfiguren werden auf die Startfelder gestellt. Nun wählt jeder Spieler eine Farbe. Er überlegt sich, was alle tun müssen, wenn seine Farbe gewinnt. Diese Idee malt oder schreibt er auf einen Zettel, z. B. „Wenn Rot / Blau / Grün / Gelb gewinnt, gehen wir in den Zoo / ins Schwimmbad / machen wir ein Picknick / kochen wir gemeinsam Spagetti". Die Zettel werden gefaltet und bis zum Ende des Spiels weggelegt. Dann wird das Spiel nach der normalen Spielregel gespielt, mit einer Ausnahme: Bei jeder Runde wechselt jeder Spieler im Uhrzeigersinn die Farbe der Spielfiguren.

Familien-Puzzle

Ab 4 Jahren

Das Familienpuzzle (z. B. von Ravensburger) besteht aus vier gleich großen Puzzles. Jedes Puzzle kann einzeln gelegt werden und hat jeweils einen anderen Schwierigkeitsgrad (42 Teile für Kinder ab 4 Jahren, 80 Teile für Puzzler mit etwas Erfahrung, 270 Teile für Puzzler ab 8 Jahren und 550 Teile für erfahrene Puzzler). Die vier Puzzles können zu einem Gesamtbild zusammengeschoben werden, so ergibt sich ein großes Familien-Puzzle-Bild im Format 100 x 70 cm.

3. Schulkind

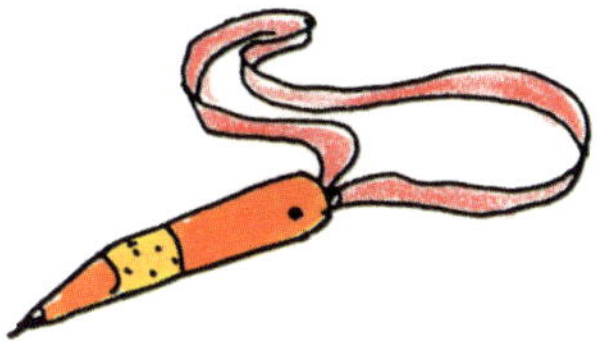

3

Wenn aus dem Kindergartenkind ein Schulkind wird, bringt das einige Veränderungen mit sich. Meist freuen sich Kinder auf die Schule und sind voller Erwartung, endlich lesen, schreiben und rechnen zu lernen. Aber auch Unsicherheit und Angst begleiten diesen Übergang, denn der Neubeginn ist verbunden mit dem Abschied von vertrauten Erzieherinnen und Freunden in der Kindergartengruppe. Die Kinder, die im Kindergarten noch zu den Großen zählten, sind nun die Kleinsten in der Schule. Und auch der Übergang zu inhaltsbezogenen Lernprozessen fällt nicht allen Kindern leicht. Jedes Kind braucht seine eigene Zeit der Anpassung – und auch die Eltern müssen mit der neuen Situation umgehen lernen.

Seine Lebenswelt gestaltet das Kind nun zunehmend selbstständiger und erobert sich immer größere Freiräume. Das Kind lässt sich gern auf Neues ein, interessiert sich auch für Details und die Unterschiedlichkeiten von Dingen. Es bleibt länger und konzentrierter bei einer Sache, eine wichtige Voraussetzung für das Lernen und den Lernwillen. Sein Gedächtnis entfaltet sich beachtlich weiter und es kann die Zeit erfassen, Ereignisse abwarten und sich auf die nahe Zukunft einstellen. Das Grundschulkind sieht sich nicht mehr nur im Mittelpunkt und es gelingt ihm immer mehr, eigenes Unvermögen zu akzeptieren. Es kann nun zu sich selbst, aber auch anderen gegenüber eine kritische Einstellung entwickeln.

So werden auch die Eltern und andere Bezugspersonen von Grundschulkindern mit mehr Sachlichkeit und kritischer Distanz betrachtet, und sie erwarten dieselbe Ehrlichkeit und Fairness, die von ihnen erwartet wird.

Allmählich löst sich das Kind aus der engen Bindung in der Familie und wendet sich verstärkt Gleichaltrigen zu. Dem Kind fällt es leicht, sich in Lern- und Interessengruppen einzuordnen und die Gruppe oder Clique gewinnt in der Schule und auch in der Freizeit an Bedeutung. Freundschaften mit Klassenkameraden und Nachbarskindern bestimmen verstärkt die weitere soziale Entwicklung. Das Kind braucht und sucht die Nähe zu Gleichaltrigen. Wird dieser Prozess von den Eltern positiv begleitet, fühlt sich das Kind angenommen und in seinem Bedürfnis nach Ablösung bestätigt und gestärkt. Das Vertrauensverhältnis zwischen Eltern und Kind bleibt weiterhin bestehen, denn trotz der wichtigen Ablösung bleiben die Eltern und andere Bezugspersonen weiterhin das wichtigste Vorbild für das Kind.

3.1. Buchstaben-Bob & Lese-Liese

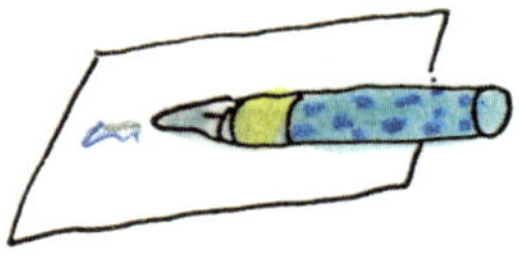

Zur Leseentwicklung

Lesenlernen ist ein äußerst komplizierter Vorgang, der Zeit braucht. Alle Leseanfänger durchlaufen dabei die gleichen Phasen. Schon frühzeitig machen Kinder erste Erfahrungen mit der Lese-, Erzähl- und Schriftkultur. Kleinkinder erfahren bereits im Umgang mit ihren ersten Papp-Bilderbüchern die Verbindung von Bildern – Sprache – Schrift, und Kindergartenkinder versuchen die Buchstaben zu enträtseln.
Für die Schulkinder beginnt mit der Einschulung der aktive Leselernprozess. Zunächst erkennen und benennen Kinder Worte mit speziellem Schriftzug und erfassen Logos, die aus ihrem direkten Umfeld stammen (z. B. auf Schokoriegeln oder Plakaten). Die Buchstaben und Buchstabenkombinationen können sie zwar noch nicht lesen, aber die Bedeutungen erfassen sie. Danach benennen Leseanfänger einzelne Buchstaben und erkennen Wörter anhand von Merkmalen, z. B. den eigenen Namen, Papa, Mama, Auto. Dabei orientieren sie sich an der Wortlänge, besonderen Buchstaben und der Stellung der Buchstaben im Wort. Sie lernen, dass jeder Buchstabe und alle Buchstabenkombinationen eine bestimmte Aussprache haben. Zunehmend sind sie in der Lage, Buchstabenlaute zu unterscheiden, einzelne Buchstaben zusammenzuziehen und Wörter in kleine Buchstabengruppen und Sprechsilben zu gliedern. Das Lesen geht nun schneller und leichter. Liest das Kind flüssig, ist der Leselernprozess weitestgehend abgeschlossen und seine Aufmerksamkeit richtet sich nun zunehmend auf den Inhalt des Geschriebenen.

Mia (10;4) und ihr Bruder Theo (7;5) warten im Wartezimmer auf die Mutter, die mit Frida (4;2) im Behandlungszimmer des Kinderarztes zur Routineuntersuchung ist. Gleich wollen alle vier mal wieder zusammen in die Kinderbücherei gehen. Mia sucht für ihr Erdkunde-Referat „Flüsse in Deutschland" noch ein passendes Fachbuch. Theo möchte sich einige Asterix-Comics ausleihen, denn seine Freunde schwärmen so davon. Doch bevor es schließlich losgeht, stöbern sie in den Büchern und Heften, die im Wartezimmer der Kinderarztpraxis ausliegen.

Zur Schreibentwicklung

Mit typischen Schreibbewegungen beginnen Kinder schon früh, wenn sie versuchen mit einem Stift Linien zu ziehen und Punkte zu setzen. Durch das Kritzeln und Malen hinterlassen sie sozusagen ihre ersten schriftlichen Botschaften. Schritt für Schritt entdecken Kinder die unterschiedlichen Funktionen der Schrift: man kann etwas aufschreiben, um es nicht zu vergessen oder man kann anderen etwas mitteilen. Im Lauf ihrer Entwicklung malen und kritzeln die Kinder immer gezielter, sie kombinieren ihre Bilder mit der Darstellung von Buchstaben, sie schreiben die Buchstaben ihres Namen unter das Bild und gelegentlich schreiben sie andere Wortbilder ab.
Beim Malen trainiert das Kind seine Feinmotorik, es übt und kräftigt so ganz nebenbei seine Hand- und Fingermuskulatur. Wachsmalkreiden (z. B. Malbirnen) und weiche, dicke Farbstifte geben der Hand ausreichenden Widerstand und lassen sie nicht verkrampfen. Es stellt sich jetzt heraus, ob das Kind Links- oder Rechtshänder ist. Auf keinen Fall sollten die Erwachsenen versuchen, das Kind umzugewöhnen, sondern es vielmehr in seiner angeborenen Händigkeit unterstützen, z. B. indem sie eine Linkshänderschere anbieten.

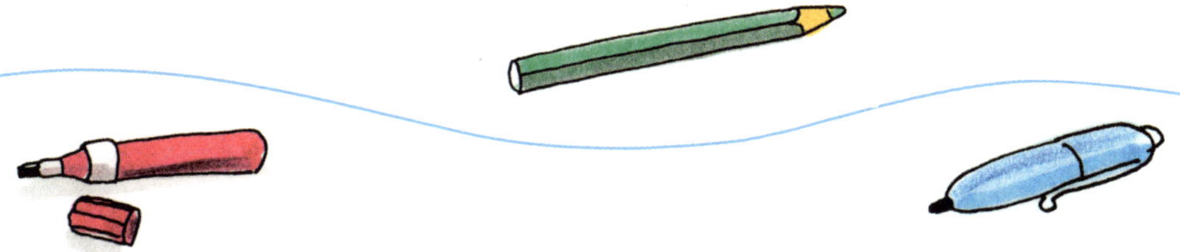

Das Übertragen der gesprochenen Sprache in Schrift ist nicht einfach, so müssen zunächst aus gesprochenen Wörtern einzelne Laute herausgehört und unterschieden werden. Es sind nur einfache Wörter (wie z. B. Mama, Papa, Auto, Hase oder Namen wie Maja, Jan, Ali), die sich lautgetreu schreiben lassen.

Neben der Fingerfertigkeit sind also genaues Hinsehen und genaues Hinhören wichtige Voraussetzungen, um das Schreiben zu lernen. Beide Fähigkeiten sollten nicht isoliert trainiert, sondern auf spielerische Weise geübt werden.

Tipps zur Unterstützung der Leseentwicklung

- Regelmäßig laut vorlesen: Auch wenn das Schulkind bereits lesen kann, wünscht es sich häufig, etwas vorgelesen zu bekommen. Spaß macht es, abwechselnd zu lesen: der Erwachsene liest den ersten Teil der Geschichte, das Kind liest weiter oder der Wechsel erfolgt an einer spannenden Stelle im Buch. Das Kind beim Vorlesen möglichst nicht unterbrechen oder korrigieren.
- Jedes Kind hat sein eigenes Lerntempo, daher die Lesefähigkeiten von Kindern nicht miteinander vergleichen. Macht das Kind beim Lesen wiederholt die gleichen Fehler, sollte ein Gespräch mit der Lehrerin erfolgen.
- Langweilige Bücher bremsen Leseversuche ebenso wie Bücher, die Kinder überfordern. Das Kind an der Auswahl der Bücher beteiligen und dabei Bücher mit unterschiedlicher Textlänge und Drucktypen anbieten.
- Kindern, die bereits vor der Einschulung lesen können, zusätzliche Bücher bzw. Arbeitsmaterialien anbieten, da sie sich sonst langweilen und die Leselust verloren geht.
- Spätestens im Grundschulalter sollte dem Kind ein eigener Bibliotheksausweis zur Verfügung stehen, damit der selbstständige Zugang zu abwechslungsreichem Lesestoff garantiert ist.
- Das Leseinteresse aktiv unterstützen und begleiten, gerade dann, wenn das Lesen im Freundeskreis des Kindes nicht zur Hauptaktivität gehört. Wichtig sind Gespräche über das Gelesene sowie der Austausch über Leseerfahrungen.
- Jungen und Mädchen ab 9/10 Jahren haben ein unterschiedliches Leseinteresse. Mädchen bevorzugen überwiegend Geschichten mit sozial-emotionalem Hintergrund, während Jungen eher zu Büchern mit Grusel- oder Actiongeschichten greifen. Sachbücher und Nachschlagewerke entsprechen den individuellen Interessen beider Geschlechter gleichermaßen.

Auf in den Erzählwigwam!

Erzähl- oder Sprechspiele sind eine reizvolle Methode, um mit anderen in verbalen Kontakt zu treten. Der Spaß am spielerischen, kreativen und fantasievollen Umgang mit der Sprache ist bei allen Beteiligten groß. Erzähl- und Sprechspiele umfassen abwechslungsreiche Formen wie Fortsetzungsgeschichten erfinden, aus Begriffen eine Geschichte formen, Wortkombinationen weiterführen etc.

ABC-Spiel

Ab 8 Jahren

Die Spieler sitzen im Kreis. Der Spielleiter oder ein Mitspieler nennt ein zweisilbiges Wort, das mit einem Vokal beginnt, z. B. Apfel, Esel, Igel, Ober, Unfall. Nun wandert das Wort reihum, wobei es am Wortanfang mit allen Buchstaben des Alphabets verbunden wird (also **B**apfel, **C**apfel, **D**apfel, ... bis **Z**apfel). Der nächste Mitspieler bekommt ein neues Wort, das in gleicher Weise verändert wird. Wer einen Fehler macht, muss ein Pfand abgeben.

Ich gehe einkaufen

Ab 7 Jahren

Die Spieler sitzen im Kreis. Ein Spieler steht in der Kreismitte, denkt sich ein Teil aus, das er einkaufen könnte und sagt: „Ich gehe einkaufen. Ich kaufe etwas mit A ein." Nun nennen alle reihum Waren, die mit dem Buchstaben A beginnen. Nennt ein Mitspieler die richtige Ware, springen alle auf und tauschen ihre Plätze, wobei der Spieler in der Mitte versuchen muss, einen freien Platz zu erwischen. In der nächsten Runde stellt sich ein anderer Spieler in die Kreismitte und das Spiel beginnt mit einem anderen Anfangsbuchstaben.

Fortsetzungsgeschichten mit Bilderwürfel

Ab 7 Jahren

Material: Zeichenkarton, Schere, Bleistift, stabile Klarsichtfolie, Heißklebepistole

Herstellung: Die Würfelvorlage (10 x 10 cm) auf dünnen Zeichenkarton übertragen, an den äußeren Linien ausschneiden. Die einzelnen Seiten entlang der Faltlinien nach oben klappen und zu einem Würfel zusammenkleben. Die Folie in sechs Quadrate (9,5 x 9,5 cm) schneiden und als Tasche auf jede Würfelfläche kleben (eine Seite offen lassen, um ein Bild oder Foto einzuschieben).

Der erste Spieler würfelt und erzählt zu dem Bild den Anfang einer Geschichte (etwa 1–3 Sätze), der zweite Spieler würfelt und setzt die Geschichte mit dem zweiten Bild fort usw.

Tipp: Bei mehr als drei Mitspielern mit zwei oder drei Bilderwürfeln spielen.

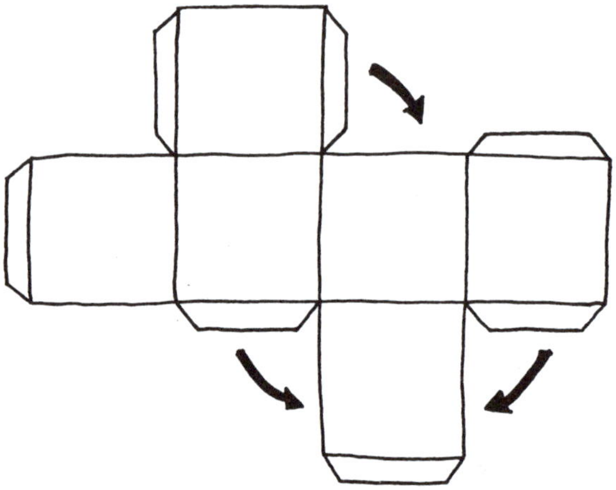

Buchstaben-Scharade

Ab 8 Jahren

Vier Mitspieler einigen sich auf ein Wort mit vier Buchstaben. Sie stellen nun jeden einzelnen Buchstaben in der richtigen Reihenfolge durch Tätigkeiten pantomimisch dar (z. B. Haus: husten, atmen, umfallen, suchen). Die übrigen Mitspieler müssen die einzelnen Tätigkeiten richtig deuten und deren Anfangsbuchstaben zu einem Wort zusammenfügen.

Wenn ich fliegen könnte!

Ab 6 Jahren

Die Mitspieler sitzen im Kreis. Ein Spieler beginnt mit einem Wenn-Satz, zum Beispiel, „Wenn ich fliegen könnte ...". Der rechte Nachbar bringt den Satz zu Ende: „Wenn ich fliegen könnte, dann würde ich ... mir die Schule von oben anschauen." Er darf nun einen neuen Wenn-Satz an seinen Nachbarn weiterreichen, z. B. „Wenn ich mir was wünschen könnte ...", „Wenn ich so klein wäre wie ein Käfer...", „Wenn ich es regnen lassen könnte ..." etc.

Erzähl-Wigwam

Ab 7 Jahren

Material: für jeden Mitspieler eine Kopfbedeckung (Hut, Kopftuch, Krone, Schleier, Zylinder etc.)

Die Mitspieler sitzen im Halbkreis, jeder wählt eine beliebige Kopfbedeckung und setzt sie auf. Der erste Erzähler setzt sich vor den Halbkreis und beginnt mit der Kettengeschichte, wobei er passend zu seiner Kopfbedeckung eine Rolle einnnimmt, z. B. *„Ich bin Rabakuk, die Zauberin, und erzähle euch nun meine Geschichte. Also, vor langer Zeit habe ich einmal einige wichtige Zaubersprüche vergessen. Ich wollte ich mich mit meiner Tante, der Hexe Raffzahn, treffen, und sie um Hilfe bitten. Als ich vor ihrem Haus ankam, sah ich eine Person mit einer Krone, sie sagte ..."* Der Mitspieler mit der Krone setzt sich vor den Halbkreis, stellt sich mit seinem Erzählernamen vor und setzt die Geschichte fort: „Ich heiße ...", bis er den nächsten Erzähler auffordert usw. Wenn alle Mitspieler an der Reihe waren, ist die Geschichte zu Ende und der Erzählwigwam wird geschlossen.

Freche Wortverwandtschaften

Triowörter

Ab 7 Jahren

***Material:** 45 Pappkarten (5 x 5 cm), Filzstifte*

Herstellung: Auf eine Karte ein Doppelwort schreiben oder malen, auf zwei weitere Karten jeweils das „halbe" Doppelwort schreiben oder malen. Insgesamt ca.10 bis 15 Trios finden und dazu die Karten herstellen (z. B. Schneemann – Mann – Schnee; Skibrille – Ski – Brille; Handschuh – Hand – Schuh; Vogelhaus – Vogel – Haus; usw.).

Alle Karten liegen mit der Bildseite nach unten. Nacheinander darf nun jeder Spieler drei Karten umdrehen. Passen zwei oder gar drei Karten zusammen, lässt er sie offen nebeneinander liegen. Nicht passende Karten werden wieder umgedreht. Der nächste Spieler deckt ebenfalls drei Karten auf und ergänzt ggf. die Reihe mit der passenden Karte. Das Spiel endet, wenn alle Triowörter in der richtigen Reihenfolge liegen.

Zauberworte

Ab 8 Jahren

***Material:** Papier zum Schreiben, Schreibstift*

Ein Spieler nennt ein Doppelwort. Alle Mitspieler schreiben das Wort auf und jeder sucht nun die Hauptworte (Substantive), die in diesem Begriff versteckt sind. Zum Beispiel: Zauberwort: Zauber, Wort, Tor, Bauer, Wabe, Erbe, usw. Die gefundenen Wörter werden verglichen und zusammengezählt.

Namenfinder

Ab 7 Jahren

***Material:** Papier zum Schreiben, Schreibstifte*

Ein Mitspieler nennt einen Vornamen, alle schreiben ihn auf und finden zu jedem einzelnen Buchstaben so viele Vornamen wie möglich, immer mit demselben Anfangsbuchstaben (weiblich oder männlich, mal getrennt, mal gemischt), z. B.:

J	A	S	M	I	N
Jule	*Anna*	*Sirin*	*Marie*	*Ines*	*Nuriye*
Jan	*Ali*	*Steve*	*Michael*	*Igor*	*Nolo*

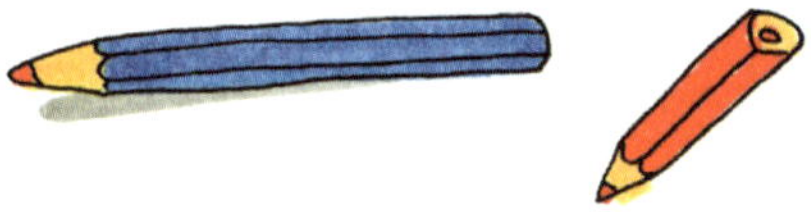

Geheime Codes

Ab 8 Jahren

***Material:** Papier zum Schreiben, Schreibstifte*

Die Mitspieler sammeln Abkürzungen und erfinden dazu neue Bedeutungen wie z. B.
BMW = Beleuchtete Maschinen Werkstatt
DVD = Der verschlossene Dachboden

Was tust du?

Ab 8 Jahren

***Material:** 1 Blatt Papier (DIN-A4), Stifte*

Ein Mitspieler schreibt eine Frage auf und faltet die Zeile zu. Der Nächste schreibt die Antwort, ohne vorher die Frage zu lesen (z. B. Frage: Was tust du, wenn dein Schwein pfeift? Antwort: Dann gebe ich ein Eis aus).

Freche Wortverwandtschaft

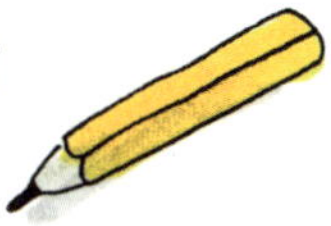

Ab 8 Jahren

Material: Zettel, Stifte, Eieruhr

Die Spieler sitzen im Kreis. Jeder bekommt Stift und Papier. Ein Spieler gibt einen Begriff vor, z. B. Auto. Die Eieruhr wird umgedreht und während der Sand läuft, suchen alle Spieler Synonyme für „Auto", also Wörter, die die gleiche oder eine ähnliche Bedeutung haben (Auto = Kiste, Wagen, Renner, Karre, Flitzer usw.). Ist die Eieruhr durchgelaufen, wird gezählt, wer die meisten Synonyme aufgeschrieben hat.

Die Regeln nicht zu streng auslegen, auch passende Umschreibungen können gezählt werden.

Verrückte Faltsätze

Ab 8 Jahren

Material: 1 Blatt Papier, Stifte

Ein Mitspieler schreibt einen Satz auf, z. B.: Meine Tante geht morgen in ein Rockkonzert. Zwischen den Wörtern etwas Abstand lassen. Der erste Spieler schreibt ein entsprechendes Wort unter „Meine" und faltet danach das Wort nach hinten weg. Der zweite Spieler schreibt ein Wort unter „Tante" und faltet ebenfalls das Wort nach hinten weg. So geht es weiter, bis der ganze Satz fertig ist. Der letzte Spieler liest den Satz dann vor. Jeder sollte sich möglichst an die Wortart halten.

Schreibspiele und Malspiele können zu fast jeder Gelegenheit als Solo-, Partner- oder Gruppenspiel durchgeführt werden. Verschiedene Spielformen sind möglich, wie z. B.: Rätselfragen, Silben- und Kreuzworträtsel, einfache Wortketten schreiben, Wortkombinationen oder Begriffe malen, Mitteilungen vervollständigen, Satz- oder Wortaussagen verdrehen, Werbesprüche erfinden etc.

Rückenschreiben

Ab 7 Jahren

Die Spieler stellen sich in einer Reihe hintereinander auf. Der letzte in der Reihe zeichnet den ersten Buchstaben eines Wortes (z. B. Regen) in großen Druckbuchstaben auf den Rücken des vor ihm stehenden Spielers. Dieser gibt den empfangenen Buchstaben weiter. Sind alle Buchstaben geschrieben und bei dem vordersten Spieler angekommen, nennt dieser laut das Wort, das bei ihm angekommen ist.

Wortketten

Ab 7 Jahren

Material: Papier, Stifte

Ein Mitspieler wählt ein einsilbiges Hauptwort (Substantiv) aus. Alle schreiben das Wort auf ein Blatt Papier und versuchen, in einer festgelegten Zeit eine möglichst lange Kette von Substantiven zu schreiben, indem jeweils nur ein Buchstabe des vorhergehenden Wortes geändert wird, z. B.: Bild – Wild – Wald – Wand – Hand – Hund – Mund – Mond.

Empfehlenswerte Spielmaterialien

- Bilder-Kreuzworträtsel – Kombination von Bildern, Zahlen, Buchstaben
- Silbenrätsel – aus vorgegebenen Silben sinnvolle Wörter zusammensetzen
- Scrabble – mit Buchstaben-Plättchen Wörter legen
- Tabu – Begriffe erraten, wobei gewisse Wörter beim Erklären nicht verwendet werden dürfen
- Lese-Memory – Kombination von Bild- und Wort-Memory
- Kassettenrecorder mit Aufnahmegerät
- Schreibmaschine oder Computer
- Unterschiedliche Schreibgeräte und Papiersorten
- Requisiten für szenische Spiele und Theaterspiele, Handspielpuppen, Marionetten

Abenteuer Lesen

Erstlesebücher unterstützen den Leseeifer des Kindes. In einfacher Sprache, entlang einer verständlichen Handlung erzählen sie von Alltagssituationen der Kinder. Es gibt sie in Schreib- oder Druckschrift. Die einzelnen kurzen Geschichten zu einem Thema sind mit Überschriften übersichtlich gegliedert und zu jeder Geschichte gibt es eine Abbildung. Einige Kinderbuchverlage haben spezielle Leselernreihen entwickelt, die vom Kindergartenalter bis zum fortgeschrittenen Lesealter der Grundschule reichen.

Auf der Webseite der Stiftung Lesen **www.stiftunglesen.de** finden Eltern Kinderbuchtipps für jedes Alter und Hinweise auf empfehlenswerte Kinderzeitschriften.

Wenn die Lesefertigkeit der 8- bis 9-jährigen Kinder automatisiert ist, bevorzugen sie **Kinderbücher** mit realistischen oder fantastischen Geschichten. Die Hauptfiguren sind dabei häufig Kinder im Alter der Leser, die aus der Ich-Perspektive erzählen.
Kinder mögen **Comics** und **Kinderzeitschriften.** Diese Hefte kommen dem Leseinteresse vor allem der älteren Grundschulkinder sehr entgegen. In der bunten, bisweilen grellen Aufmachung sind sie relativ leicht konsumierbar und liefern informative Texte und Geschichten. Sie bieten aber auch Anreize zum Schreiben, Raten, Malen, Basteln und Experimentieren.
Sachbücher haben einen hohen Stellenwert bei den Kindern, denn sie wollen verstehen, wie die Welt um sie herum funktioniert. Sachbücher und Nachschlagewerke können ihnen helfen, Antworten auf ihre vielfältigen Fragen zu finden und ihren Wissensdrang und Neugierde befriedigen. Dabei reichen die Themenbereiche von der Entstehung der Erde und Urtieren über das Rittertum bis zur Weltraumerkundung.

Kindermedien

Viele Kinderbücher gibt es inzwischen als **Hörbuch**, **Hörspiel** oder **Film**. Man kann sie gemeinsam hören oder anschauen und anschließend das Originalbuch lesen, Vergleiche anstellen, nach Übereinstimmungen oder Veränderungen suchen.

Hörspiele und Hörbücher für Kinder:
www.toni.de
Ein umfangreiches Archiv mit Informationen zu Filmstarts, aktuellen Kinder- und Jugendfilmen, empfehlenswerten DVDs für Kinder, Eltern, Pädagogen und Kinderfilmprofis findet sich auf der Webseite
www.kinderfilm-online.de

Geschichten aus Kinderbüchern dienen häufig als Vorlage für Spielgeschichten auf CD-ROM. **Computerspiele** sind bereits bei Sechsjährigen beliebt. Allerdings ist es Aufgabe der Eltern, sich über geeignete Software zu informieren und mit den Kindern klare Nutzungsregeln aufzustellen. Schulkinder sollten nicht allein am Computer sitzen und nicht länger als 30 Minuten.

Hilfen zur pädagogischen Beurteilung von Computerspielen unter:
www.spieleratgeber-nrw.de
www.internet-abc.de
www.feibel.de oder **www.bmfsfj.de**

Wenn Kinder sicher lesen können, wenden sie sich gerne dem **Internet** zu. Bereits bei Grundschulkindern ist das Internet ein beliebtes Medium zur Recherche. Ähnlich wie bei Computerspielen gilt auch hier, dass Kinder die ersten Schritte im Netz mit den Eltern gemeinsam unternehmen sollten, dabei müssen einige Regeln eingeübt werden.

Eine empfehlenswerte Internetadresse für Kinder ist die Suchmaschine **www.blindekuh.de** (enthält Spiele und Links). Im Internetportal **www.internet-abc.de** finden Eltern und Kinder Tipps für den sicheren Umgang mit dem Internet.

Video und DVD-Empfehlungen für Kinder:
www.top-videonews.de

Abenteuer Schreiben

Schreibwerkstatt

Ab 7 Jahren

Es braucht nur wenig Raum, um dem ersten eigenen Buch, der ersten Zeitschrift Platz zu schaffen, das kann im besten Fall ein Regal sein. Oder einfach nur eine kleine Ecke, in der neben Büchern und Zeitschriften in beschrifteten Kästen Dinge aufbewahrt werden können, die zum Schreiben anregen:

- Requisiten zum Rollenspiel, in denen es um Geschriebenes geht, z. B. Speisekarten, Einkaufszettel für den Kaufladen, ...
- Urlaubspostkarten, die zu Traumreisen anregen, aber auch auf ein Plakat geklebt und mit den Namen der Urlauber beschriftet werden können. (Vielleicht entwickelt sich daraus eine Urlauberlandkarte?)
- Lieblingscomics und Lieblingsbücher warten auf eine Fortsetzungsgeschichte.
- Verschiedene Papiersorten laden ein zum Kritzeln und Schreiben. Wie sieht die Schrift auf hartem Papier, wie auf weichem Papier aus?
- Unterschiedliche Schreibgeräte – wie schreibt es sich mit Stift, Pinsel, Feder, Holzspießen etc.

Erste eigene selbst geschriebene Werke werden in einem Ordner gesammelt.

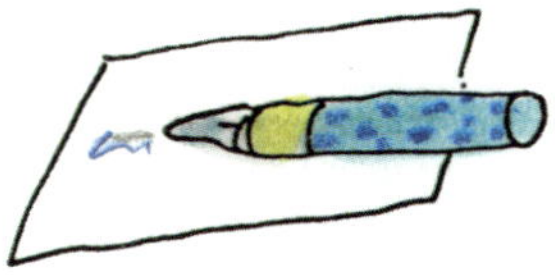

3.2 Tüftler und Fragensteller

Zur kognitiven Entwicklung

Das Grundschulkind löst sich in seinem Denken und seinen Wahrnehmungen immer mehr vom konkreten, personenbezogenen Anschauungslernen zum abstrakten Denken und es möchte sich nun seine erweiterte Umgebung und umfassende Lebenswelt selbstständig – oder mit Freunden – erschließen. Grundschulkinder sind wissbegierig und wollen verstehen, wie die Welt um sie herum funktioniert. Ihr Bedürfnis nach eigenständiger Auseinandersetzung mit der Umwelt wächst. Sie wollen ausprobieren, untersuchen und experimentieren, sich handelnd beweisen und sich mit sich selbst, aber auch mit Gleichaltrigen vergleichen und messen.
Mit fortschreitendem Alter kann sich das Kind über einen längeren Zeitraum konzentrieren und sich gezielter und differenzierter in eine Spieltätigkeit vertiefen. Selbst gesteckte Ziele, z. B. bei Konstruktionsspielen, werden mit großer Ausdauer verfolgt und vollendet. Dabei motivieren Lob und Anerkennung durch Erwachsene, aber auch Zuspruch von älteren Kindern.
Regelspiele, also Spiele mit konkurrierenden Spielpartnern und einem festgelegten Spielziel, werden für Grundschulkinder interessanter. Gleichzeitig sind Gruppenspiele beliebt, bei denen eine Gruppe gegen eine andere antritt und innerhalb der Gruppe kooperiert werden muss.
Grundschulkinder lernen auf ihre eigene, vielfältige Art: zunächst durch Bewegung, eigenes Tun, Ausprobieren, Fragenstellen, Wiederholen und Üben, aber auch durch nachdenken, nachmachen, umdenken und die Auseinandersetzung mit anderen.

Im letzten Sommerurlaub an der Nordsee waren die Zwillinge Johann und Marie (8;3 Jahre) mit ihren Eltern in Bremen im Alfred-Wegener-Institut für Polar- und Meeresforschung. Da haben sie erfahren, dass auf der Insel Helgoland die Kinder der Grundschule Projekte zum Thema Salz- und Süßwasser durchführen. Das fanden die Zwillinge ganz spannend. Nach dem Urlaub haben sie begeistert ihren Freunden von den Experimenten erzählt und beschlossen, den Klassenlehrer zu fragen, ob sie eine Klassenfahrt nach Helgoland machen können.

Tipps zur Unterstützung von Forschungseifer und Wissensdrang

- Wissen macht Spaß! Kinder im Grundschulalter sind voller Wissbegier, die Erwachsene unterstützen können, z. B. durch Besuche im Museum. Viele Institutionen haben sich auf ein jüngeres Publikum eingestellt und bieten spannende Ausstellungen für Kinder, in denen sie all ihre Sinne zum „Begreifen" einsetzen können und dürfen.
- Grundschulkinder haben breit gefächerte Interessen und sind durchaus in der Lage, ihre Vorlieben zu äußern. Erwachsene können diesen Lerneifer unterstützen, indem sie den Kindern behilflich sind, Vorlieben und Ausdauer bei bestimmten kreativen Freizeitbeschäftigungen zu entwickeln.
- Auch wenn der Übergang in die Grundschule salopp als Wechsel zum „Ernst des Lebens" bezeichnet wird – das Spielen behält in dieser Altersstufe seine elementare Bedeutung. Erwachsene sollten Kindern Raum geben zum Spielen und ihnen helfen, verschiedene Spielformen zu entdecken, um die Spielfähigkeit weiter auszubauen. Eine altersgerechte Spielsammlung vertieft gleichermaßen schulische Lernthemen und fordert zu geistigen Leistungen heraus. Jedoch sollten Spaß, Spannung und die Gemeinschaft mit Freunden im Vordergrund stehen, damit die Lust am Lernen nicht verloren geht.
- Sinnesspiele oder auch Kim-Spiele fördern die sinnliche Wahrnehmung (hören, sehen, fühlen, schmecken, riechen) und schulen das Gedächtnis (Merkfähigkeit, Erinnerung).
- Experimentierspiele mit unterschiedlichen Materialien ermöglichen naturwissenschaftliche Erfahrungen und machen auf physikalische Gesetzmäßigkeiten aufmerksam.
- Didaktische Spiele (Lernspiele) helfen, vorhandenes Wissen zu testen und auszubauen. Der Spielspaß steht dabei im Vordergrund. Eingebunden in eine einfache Handlung werden die unterschiedlichsten Lernfelder eröffnet: Zahlen, Buchstaben, naturkundliche Themen etc.
- Rätselspiele vermitteln Spaß und Zerstreuung.
- Brettspiele bieten Spannung und fördern das strategische Denken.
- Kartenspiele fördern und trainieren Konzentration, Aufmerksamkeit, Kurzzeitgedächtnis, strategisch-logisches Denken, Kombinations- und Zahlenverständnis. Einige Kartenspiele mit herkömmlichem Kartenblatt wie Mau-Mau spielen Kinder gerne, bevorzugen aber spezielle Kartenspiele wie Quartett, Schwarzer Peter, Elfer raus oder Uno.

Mit allen Sinnen spielen

Mein Freund, der Baum

Ab 6 Jahren

Material: Augenmasken oder Tücher zum Verbinden der Augen

Eine Aktion im Wald oder im Park: die Kinder gehen zu zweit zusammen. Ein Kind verbindet dem anderen die Augen und führt es zu einem Baum. Das Kind soll nun durch Tasten und Riechen den Baum kennenlernen. Das führende Kind gibt Hinweise:

- Ertaste die Rinde des Baumes.
- Umfasse den Baum mit deinen Armen.
- Reibe deine Wange an der Rinde.
- Wie riecht der Baum?
- Strecke deine Arme nach oben aus und versuche festzustellen, wie hoch der Baum ist.
- Gehe in die Hocke und ertaste Pflanzen oder Spuren von Tieren am Fuß des Baumes.

Hat das Kind genügend Eindrücke gesammelt, wird es zum Ausgangsort zurückgeführt. Es kann nun die Augenbinde abnehmen und versuchen, den Baum, den es erkundet hat, wiederzufinden. Partnerwechsel.

Löffelfühler

Ab 6 Jahren

Material: 2 Holzkochlöffel, Augenmaske oder Tücher zum Verbinden der Augen

Einem Mitspieler werden die Augen verbunden. In jede Hand bekommt er einen Holzkochlöffel, womit er sein Gegenüber abtastet und errät. Rollenwechsel.

Aromabilder

Ab 6 Jahren

Material: Wasserfarben, Pinsel, Malpapier, Duftöl, Watte

In leere Fotofilmdosen mit unterschiedlichen Duftölen beträufelte Watte legen. Jedes Kind wählt ein Aroma und malt mit Wasserfarbe seine Eindrücke. Das getrocknete Bild mit der Duftwatte bestreichen.

Lauschangriff

Ab 6 Jahren

Material: 12 Filmdosen; 12 Apfel-, 10 Melonen-, 8 Pampelmusen-, 6 Kirsch-, 4 Pflaumen-, 2 Pfirsichkerne

Gleich viele Kerne einer Sorte jeweils in zwei Filmdosen füllen und die Dosen an der Unterseite markieren. Die geschlossenen Dosen schütteln und den Klang der Kerne der richtigen Obstsorte zuordnen.

Antipasti

Ab 6 Jahren

Material: verschiedene Obst- und Gemüsesorten (in Stücke geschnitten), Augenmasken oder Tücher zum Verbinden der Augen

Gemeinsam die Obst- und Gemüsestücke auf einem Teller anrichten. Paare bilden, ein Partner setzt die Maske auf, der Sehende füttert ihn mit Obst- und Gemüsestücken solange, bis der Blinde die Sorte nicht benennen kann. Rollenwechsel.

Abschließend werden die restlichen Obst-/Gemüsestücke zu einem Salat verarbeitet.

Die Urform aller Spiele rund um die Sinne nennt man Kim-Spiele. Die Bezeichnung stammt aus einem Roman des britischen Schriftstellers und Nobelpreisträgers Rudyard Kipling, der auch das „Dschungelbuch" geschrieben hat. In seinem Roman „Kim" soll sich die gleichnamige Hauptfigur möglichst viele Edelsteine merken, die sich auf einem Tablett befinden, das der Sohn eines Händlers vor ihm ausbreitet. Kim verliert das Spiel und beschließt, sein Gedächtnis zu schulen.

Rechts-Links-Taster

Ab 6 Jahren

20 (40) kleine Gegenstände, die doppelt vorhanden sind, auf zwei Stofftaschen verteilen (Spielzeug, Gebrauchsgegenstände, Natur-, Verpackungsmaterial). Ein Spieler greift gleichzeitig mit jeder Hand in eine Stofftasche. Durch Tasten muss er zwei gleiche Gegenstände heraussuchen.

Adleraugen

Ab 6 Jahren

Etwa 30 bis 40 Gegenstände (Spielzeug, Gebrauchsgegenstände, Natur-, Verpackungsmaterial) verteilt auf einen Tisch oder den Fußboden legen. Die Spieler merken sich so viele Dinge wie möglich. Nach zwei Minuten die Gegenstände mit einem Tuch bedecken. Die Spieler schreiben nun auf, was sie gesehen haben. Nach 3 bis 5 Minuten vergleichen alle ihre Aufzeichnungen.

Fußparcours

Ab 6 Jahren

Material: leere Obstkisten, aufgeschnittene Müllsäcke oder Plastikfolie, Sand, Laub, Kieselsteine, Stroh, Heu, Eicheln und andere Dinge, auf die man gefahrlos treten kann

In einer gemeinsamen Aktion die leeren Obstkisten mit fester Plastikfolie auskleiden und das Material einfüllen. Die gefüllten Kisten in Schrittlänge hintereinander stellen. Mit nackten Füßen oder auf Socken durch den Parcours gehen.

Varianten:
- mit geschlossenen Augen gehen
- sich führen lassen
- auf allen vieren gehen

Experimentierspiele

Wetterzapfen

Ab 6 Jahren

***Material:** Tannenzapfen, Bindfaden*

Herstellung: Den Tannenzapfen mit einem Faden versehen und außen vor ein Fenster hängen. Kündigt sich schönes Wetter an, öffnen sich die Schuppen des Tannenzapfens.

Weil es immer eine Weile dauert, bis alle Schuppen gleichmäßig anliegen, beginnt solch ein wetterfühliger Tannenzapfen schon lange vor dem Regen damit, den Schuppenpanzer zu schließen. So kann man bereits beim Aufstehen prüfen, wie das Wetter werden wird.

Wetterspruch

Zapfen, Zapfen zeige an,
wie das Wetter werden kann!

Wetterwarte

Ab 6 Jahren

***Material:** ein großer, vollständig geöffneter Fichtenzapfen; 1 Zahnstocher oder Schaschlikspieß; Heißklebepistole; Messer; 1 Blechdose; 1 Deckel der Blechdose; Wachsklebeplättchen; bunte Haushaltsgummis; roter Filzstift*

Herstellung: Den Zapfen mit dem Messer unten begradigen. Den Zahnstocher mit dem Heißkleber waagerecht an eine der untersten Schuppen kleben. Vorsicht, die Schuppe nicht verkleben. Die Spitze des Zahnstochers mit Filzstift anmalen. Das Wachsklebeplättchen mittig auf den Dosendeckel kleben, den Zapfen daraufstellen und andrücken.

Wenn der Zapfen seine Schuppen schließt, die Höhe der Spitze auf der Dose mit einem Gummiring markieren. So kann die gefallene Regenmenge gemessen werden.

Warum öffnen sich die Zapfenschuppen?
Wenn die Zapfen reif sind und es draußen warm und trocken ist, öffnen sich die Schuppen und die Samen fallen heraus. Ist das Wetter nass, kalt oder stürmisch, bleiben die Schuppen zu. So wird verhindert, dass die Samen herausfallen und am Boden verfaulen.

Mein Baumbestimmungsbuch

Ab 6 Jahren

***Material:** Papier (Din A4), 4 Heftzwecken, Wachsmalstift, gepresste Blätter, ggf. getrocknete Baumfrüchte, Klebstoff (Kleister), Tacker mit Heftklammern*

Das Papier an den Baumstamm heften und vorsichtig aber kräftig mit dem Wachsmalstift über das Papier malen. Die Baumrinde wird erkennbar. Die schon im Herbst gesammelten und gepressten Blätter dieses Baumes zu dem Rindenabdruck kleben, die Früchte dazu malen oder Abbildungen der Früchte dazukleben. Diesen Vorgang mit verschiedenen Baumarten wiederholen.

Die fertigen Seiten später in einen Pappeinband zusammenheften und diesen dekorieren.

Warum ist die Rinde von Bäumen runzelig?
Bäume wachsen von innen nach außen und nur an ihrer Spitze nach oben. Ein Baum kann zwar viele Meter hoch werden, der Stamm selbst aber wird hauptsächlich breiter. Die äußeren Schichten platzen dabei auf, weil sie zu eng werden. Bei jungen Bäumen ist die Rinde noch ziemlich weich und dehnbar. Bei einem großen und stattlichen Baum sind die äußeren Schichten trocken und reißen leicht. Bei schnell wachsenden Bäumen (z. B. der Birke) ist deshalb die Rinde besonders rau.

Kaleidoskop

Ab 8 Jahren (mit Hilfe eines Erwachsenen)

Material: Wellpappe grau (15 x 15 cm), farbige Wellpappe (17 x 20 cm), Spiegelfolie (3 Rechtecke à 15 x 5 cm; aus dem Baumarkt), Klarsichtklebestreifen, kleine flache Plastikdose (gefüllt mit Perlen, Sternchen o. Ä.), gelbes Transparentpapier, 1 Papprechteck aus farbiger Wellpappe (17 x 20 cm)

Die Pappe nach 5 cm und nach 10 cm knicken und wieder aufklappen. Die Spiegelfolien-Rechtecke auf die Pappe kleben, dann erst die Schutzfolie abziehen. Die Pappe (mit der Spiegelfolie nach innen) zu einem

Ein **Kaleidoskop** ist ein optisches Spielzeug. Es besteht aus einer Röhre mit Guckloch, die mit einigen bunten Glassplittern gefüllt ist. Diese spiegeln sich in einem Spiegelsystem. Durch das Drehen der Röhre entstehen verschiedene symmetrische Muster.

Dreieck falten und mit Klebestreifen zukleben. Schon jetzt gibt es beim Durchsehen interessante Aussichten. Den Boden der Plastikdose mit gelbem Transparentpapier abkleben und füllen. Die Teile müssen sich beim Drehen der Dose bewegen können. Auf den Rand der geschlossenen Dose Klebstoff auftragen,

das Prisma hochkant auf die Plastikdose stellen und das Wellpappenrechteck vorsichtig um die Dosen-Prisma-Säule legen, mit Klebestreifen zukleben. Aus einem Rest Pappe eine Scheibe (6 cm Durchmesser) zuschneiden. In der Mitte der Scheibe ein Loch in der Größe eines 1-Euro-Stücks ausschneiden und auf die Säule kleben. Den „Mantel" des Kaleidoskops bunt gestalten.

Bechertelefon

Ab 6 Jahren

Material: 4 Plastikbecher, Schere, Baumwollfaden, Dorn

Herstellung: In die Böden der Plastikbecher mit dem Dorn vorsichtig je ein kleines Loch stechen. Etwa 10 Meter Baumwollfaden abschneiden. In die Böden der Becher je ein Fadenende fädeln und mit mehreren Knoten sichern. Einen Becher an das Ohr halten, den anderen vor den Mund. Die zweite Person geht so weit weg, bis der Baumwollfaden straff gespannt ist und spricht dann in den Becher. Auch sie hält einen Becher an das Ohr, den anderen vor den Mund. Im Wechsel können nun beide in den Becher sprechen und hören.

Wir funktioniert das Bechertelefon? Durch das Sprechen wird die Luft im Becher zum Schwingen gebracht. Die schwingende Luft bringt dann den Becherboden zum Schwingen. Der schwingende Becherboden überträgt über den straff gespannten Faden die Schwingungen zu dem anderen Becher. Dort nimmt der Becherboden die Schwingungen auf, diese gehen dann in die Becherluft über und landen schließlich im Trommelfell im Ohr. Die Schwingungen werden vom Hörnerv wieder in Wörter umgewandelt.

Rätselspaß mit Sudoku & Co.

Farben-Sudoko

Ab 6 Jahren

Material: Schuhkartondeckel (groß), 16 Kronkorken, Murmeln in vier verschiedenen Farben, Klebstoff

Herstellung: Die Kronkorken gleichmäßig verteilt auf den Schuhkartondeckel kleben, 4 x 4 Reihen.

Die farbigen Murmeln auf dem Spielbrett so verteilen, dass in jeder Reihe von jeder Farbe immer nur eine Murmel zu finden ist. Ein Spieler nimmt einige Murmeln weg, der andere Spieler versucht, das Spielbrett wieder zu vervollständigen.

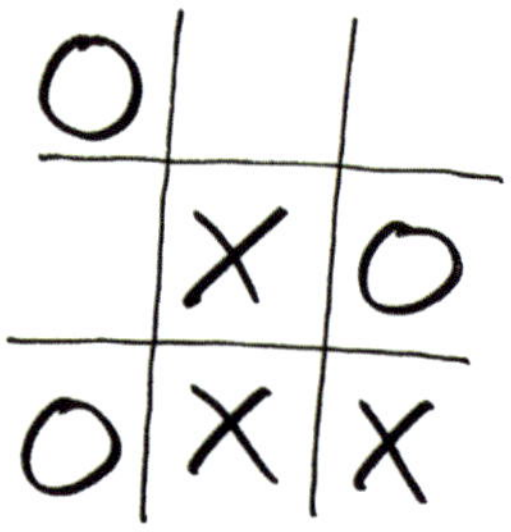

Tic Tac Toe

Ab 6 Jahren

Material: kariertes Papier, Schreibstift

Auf einem Spielfeld mit 3 x 3 Feldern setzen zwei Spieler abwechselnd ihr Zeichen (Kreuz oder Kreis). Der Spieler, der als erstes drei seiner Zeichen in einer Reihe (senkrecht, waagerecht, Hauptdiagonale) setzen kann, gewinnt. Spielen beide Spieler ideal, endet das Spiel unentschieden.

Fuchsbau

Ab 8 Jahren

Material: Schuhkarton mit Deckel, Filzstift, Cuttermesser, Farben oder andere Materialien zum Dekorieren des Kartons, Murmeln

Herstellung: Verteilt auf die Rückseite des Kartonbodens zehn Kreise zeichnen (Größe einer 2-Cent-Münze) und mit dem Cuttermesser (vorsichtig!) ausschneiden. Den Karton in den Deckel kleben und in die Kreise verteilt die Zahlen 1 bis 10 schreiben. Den Karton nun z. B. als Fuchsbau gestalten.

Der Spieler legt zwei Murmeln in den Karton und balanciert sie gleichzeitig in zwei Zahlenkreise, ohne sie anzufassen. Die getroffenen Zahlen aufschreiben und später addieren. Es gewinnt, wer nach fünf Durchgängen die höchste Zahl hat.

Varianten: Es können auch mehrere Murmeln ins Spiel gebracht werden oder es wird eine Zahlenfolge festgelegt, die innerhalb einer bestimmten Zeit erreicht werden muss.

Zahlen-Sudoku-Flotte

Ab 7 Jahren

In die leeren Felder die Zahlen von 1 bis 6 so eintragen, dass keine Zahl in den Zeilen, den Spalten und in den 4 getrennten Bereichen doppelt vorkommt.

Empfehlenswerte Spielmaterialien

- Experimentierkästen für Chemie, Physik
- Modellbaukasten
- Lupen, Mikroskop, Prismen, Fernglas
- Messgeräte: Waage, Lineal, Messbecher
- Zauberkasten
- Werkzeugkasten
- Fotokamera
- Karten-, Brett- und Würfelspiele aller Art
- Strategische Spiele wie Mühle, Dame, Halma, Go

Tangram

Ab 8 Jahren (mit Hilfe eines Erwachsenen)

***Material:** Pappe oder Holz (Maße: 16 cm x 16 cm x 0,2 cm), Cuttermesser oder Feinsäge, Bleistift, Lineal*

Herstellung: Das Quadrat mit Lineal und Bleistift in 16 kleine Quadrate von je 4 cm Seitenlänge aufteilen. An diesen Linien entlang absolut gerade und genau die sieben Teile ausschneiden oder -sägen: zwei große Dreiecke, ein mittelgroßes Dreieck, zwei kleine Dreiecke, ein Parallelogramm und ein Quadrat. Die Teile anmalen oder farblos lackieren.

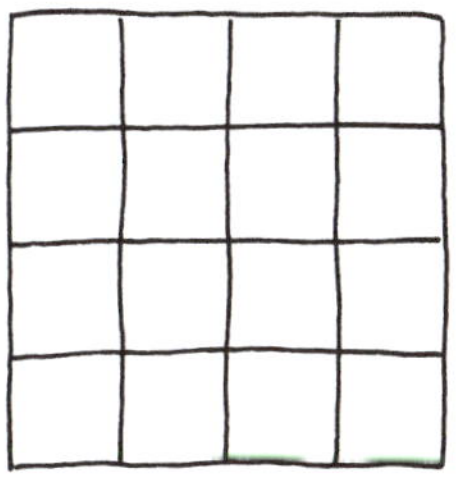

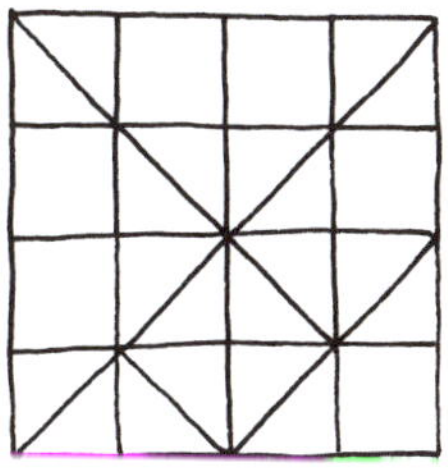

Tangram ist ein altes chinesisches Legespiel, das viel Geduld und Fantasie erfordert. Es gibt über 1500 mögliche Formen, die aus den sieben Teilen zusammengefügt werden können, z. B. Silhouetten von Tieren, Menschen und Gegenständen. Wichtig ist, dass jede Figur immer aus allen sieben Teilen gelegt sein muss.

Spielvarianten:

- Aus den sieben Teilen neue, selbst erfundene Figuren legen
- Vögel legen
- Eine vorgegebene Silhouette ausfüllen

3.3 Bewegung macht schlau

Zur körperlich-sozialen Entwicklung

Bewegung ist der Motor der Entwicklung und des Lernens. Erst durch die aktive Form der Auseinandersetzung mit ihrer Umgebung können Kinder Dinge erfassen und begreifen. Durch gezielte und gesteuerte Bewegungen werden im Gehirn wichtige Verbindungen zwischen einzelnen Nervenzellen und -gruppen hergestellt. Diese Vernetzungen sind die Voraussetzung für funktionierende Denkprozesse. Motorik- und Sprachentwicklung stehen in einem engen Zusammenhang. Kinder, die in ihren motorischen Fähigkeiten eingeschränkt sind, weisen oft auch eine gestörte oder verzögerte Sprachentwicklung auf.
Das Grundschulkind befindet sich bezüglich seiner körperlichen Entwicklung in einer Übergangsphase. Ein zweiter Gestaltwandel vollzieht sich, das Kind wächst und nimmt an Körpermasse zu. Bewegung spielt eine wichtige Rolle bei der Stärkung und Ausprägung des Muskel-, Skelett- und Nervensystems. Kinder brauchen viel Bewegung an der frischen Luft, sie wollen toben und rennen. Sie sind an bewegungsreichen Spielen interessiert, die ihre motorische Geschicklichkeit und körperliche Reaktion herausfordern. Je mehr Möglichkeiten der Bewegung sie dabei kennenlernen, umso geschickter und kontrollierter können sie ihren Körper einsetzen. Untersuchungen belegen, dass Kinder, die sich zu wenig bewegen, oft übergewichtig sind. Gleichzeitig ist erwiesen, dass sportliche Kinder gesünder sind und weniger unter Schulproblemen leiden.
Grundschulkinder wenden sich verstärkt ihren Freunden zu und bilden gerne Cliquen und Banden. Beliebt sind bei den Schulkindern Lauf-, Fang- und Versteckspiele ebenso wie Ballspiele. Ihrem Bewegungsbedürfnis und Bewegungsdrang kommen Schulkinder beim Radfahren, auf dem Skateboard oder mit Inlinern nach. Sie erkunden mit ihren Freunden den Stadtteil oder treffen sich zu Bewegungs- und Actionspielen. Das Interesse an Mannschafts- und Wettbewerbsspielen wächst – das fördert das soziale Verhalten und stärkt das Selbstbewusstsein.

Am letzten Ferienwochenende hat Mareike (7;4 Jahre) mit ihrem Vater ein Vater-Kind-Wochenende verbracht. Die Mutter ist mit dem Baby zu Hause geblieben. Mareike und ihr Vater hatten sehr viel Spaß miteinander. Sie haben mit den anderen Vätern und Kindern am Lagerfeuer Stockbrot gebacken und viele Spiele gemacht. Die Krönung war der Stelzenbau. Mareike ist ganz stolz, dass sie mit den Stelzen fast so groß ist wie ihr Vater!

Tipps zur Unterstützung von Bewegung und Entspannung

- Erwachsene können viel dazu beitragen, Kinder zu Bewegung und Spiel zu motivieren. Das Beste ist, selbst ein „bewegtes" Vorbild zu sein. Dadurch erhalten Kinder die Botschaft: Bewegung macht Spaß und gehört zum Leben dazu. Wichtig ist, dass die Kinder Bewegung als etwas Selbstverständliches und Angenehmes erfahren. Dazu gehören auch Kleinigkeiten im Alltag: so müssen nicht alle Strecken mit dem Auto zurückgelegt werden, sondern mit dem Fahrrad oder zu Fuß; statt in den Fahrstuhl zu steigen, kann man die Treppe benutzen.
- Platz für Bewegung ist auch in der Wohnung: Für kleinere Bewegungsspiele wie Gummitwist, Seilspringen und Hüpfkästchen (z. B. aufgemalt auf einem alten Bettlaken) reicht es aus, Tisch und Stühle beiseite zu stellen. Ein Minibasketballkorb oder eine Turnstange im Türrahmen lassen sich leicht anbringen.
- Für Fußballspiele, Fahrradfahren oder Inline-Skating bedarf es schon mehr Platz. Viele Schulhöfe stehen nach der Schule als Spielraum offen. Die Kinder kennen bereits den Weg dorthin. Öffentliche Parks verfügen meist über Spielwiesen oder eingezäunte Spiel- oder Bolzplätze. Andere Bewegungsmöglichkeiten finden Kinder in Schwimmbädern und Sportvereinen.
- Schulkinder sind mehr und mehr in der Lage, ihre Freizeit selbst zu planen und zu organisieren. Sie brauchen ggf. die Unterstützung der Erwachsenen, die vor allem darauf achten sollten, dass Kinder genügend unverplante Zeit für sich haben. Zu viele Termine setzen unter Druck. Auch die Anfertigung der Hausaufgaben darf nicht die meiste Zeit in Anspruch nehmen, denn gerade Kinder im Grundschulalter brauchen noch viel freie Spiel- und Entfaltungsmöglichkeiten.
- Als Ausgleich für die tägliche Anspannung in der Schule sind Entspannungsphasen sehr wichtig. Kinder entspannen auf unterschiedliche Weise. Sie sollten Gelegenheiten haben zu malen oder Musik zu hören. Eine geeignete Entspannungsmethode findet das Kind am besten selbst.
- Bewegungs- und Actionspiele fördern die sinnliche Wahrnehmung, die Kommunikations-, Kooperations- und Teamfähigkeit. Sie unterstützen die Selbsteinschätzung und stärken das Vertrauen in die eigenen Fähigkeiten. Sie kommen zum Einsatz bei Spielfesten, Zeltlagern und abenteuerlichen Spielaktionen. Sie können drinnen in der Sporthalle oder im Hallenbad und draußen in der Natur, auf der Straße, im Park/Wald, im Freibad stattfinden.
- Für Kinder gehören Fernseher und Computer heute zum Alltag, und sie sind in den meisten Haushalten und Schulen vorhanden. Grundsätzlich schadet Kindern der Umgang mit technischen Medien nicht, wenn auf altersgerechte Sendungen, Spiele und Lernprogramme geachtet wird. Aber übermäßiger Medienkonsum führt zu Bewegungsmangel, da nur ein Teil der Sinne angesprochen wird. Lernen funktioniert jedoch umso besser, je mehr Sinne angeregt werden.

Schatten fangen & Zahlen hüpfen

Orck im Brunnen

Ab 6 Jahren

Der Orck steht mit dem Rücken zu den anderen Mitspielern, die etwa 20 bis 30 Schritte entfernt in einer Reihe nebeneinander stehen. Während der Orck ruft: „Orck im Brunnen eins, zwei, drei!", setzen sich die übrigen Spielteilnehmer mit kleinen Schritten in Bewegung. Bei „drei" dreht sich der Orck plötzlich um. Wird ein Mitspieler in der Bewegung überrascht, muss er drei Schritte zurückgehen. Wer unbemerkt bis zum Orck vorgekommen ist, wird der neue Orck.

Das Orck-Spiel in anderen Sprachen:
Auf türkisch: „Önde, tura, bir, iki, üc" (Los geht's, eins, zwei, drei)
Auf französisch: „Un, deux, soleil" (Eins, zwei, Sonne)
Auf italienisch: „Uno, due, tre, stella" (Eins, zwei, drei, Stern)

Hallo Boss, hast du 'nen Job?

Ab 8 Jahren

Der Boss und die Arbeiter stehen sich an den entgegengesetzten Seiten des Spielfeldes gegenüber. Die Arbeiter verabreden gemeinsam eine Tätigkeit, die sie mit einer typischen pantomimischen Geste darstellen können. Daraufhin gehen sie nebeneinander in einer Reihe zu dem Boss und fragen: „Hallo Boss, hast du 'nen Job?" Der Boss: „Ihr habt nichts drauf!" Darauf die Arbeiter: „Und ob!" Der Boss: „Dann zeigt, was ihr könnt!", woraufhin die Arbeiter ihre verabredete Tätigkeit pantomimisch demonstrieren. Hat der Boss die Tätigkeit richtig erraten, läuft er los, um einen Arbeiter zu fangen, während diese versuchen, die gegenüberliegende Seite des Spielfeldes zu erreichen. Ist ein Arbeiter gefangen, ist er in der nächsten Spielrunde der Boss.

Das Monster schleicht herum

Ab 6 Jahren

Material: 1 geknotetes Tuch

Alle stehen im Kreis und singen. Das Monster geht um den Kreis herum und lässt das Tuch hinter einem Mitspieler fallen. Wenn dieser Mitspieler das Tuch bemerkt, läuft er hinter dem Monster her. Dieses versucht in die entstandene Kreislücke des Mitspielers zu schlüpfen. Gelingt ihm dies, so wird der Fänger zum Monster. Wird er dagegen eingeholt, so muss er sich unter dem Ruf der Spieler: „1, 2, 3 ins faule Ei!" in die Mitte des Kreises setzen und warten, bis ihn ein anderer ablöst.

Dreht euch nicht um,
denn das Monster schleicht herum.
Wer sich umdreht, wird gepackt,
wird vom Monster schnell geschnappt.
Dreht euch nicht um,
denn das Monster schleicht herum.

Schattenfangen

Ab 7 Jahren

Dieses Spiel kann nur draußen bei Sonnenschein gespielt werden. Der Fänger fängt nicht durch Abschlagen, sondern indem er auf den Schatten des Verfolgten tritt. Der Spieler, dessen Schatten gefangen wurde, ist dann der Fänger.

Kaugummi-Fangen

Ab 6 Jahren

Ein Spieler ist das Kaugummi, an dem alle kleben bleiben. Berührt das Kaugummi einen Mitspieler, müssen sie Hand in Hand versuchen, die übrigen Mitspieler zu fangen. Die immer länger werdende Kette kann mitunter auch reißen, sodass dann einzelne Kettenglieder erneut gefangen werden müssen.

Wasser-Erde-Wind

Ab 6 Jahren

Die Mitspieler laufen im Raum umher, bei dem Signal „Erde" legen sich alle auf den Boden, bei dem Signal „Wasser" machen alle mit den Armen Schwimmbewegungen und bei dem Signal „Wind" halten sich alle gegenseitig fest.

Varianten: Gemeinsam andere Signale (z. B. optische oder akustische) verabreden sowie weitere Reaktionen vereinbaren.

Hinkebein

Ab 7 Jahren

Den abgebildeten Hüpfplan mit Kreide (Herstellung Straßenkreide siehe S. 141) auf den Boden zeichnen Jeder Spieler erhält ein Steinchen. Der erste Spieler wirft das Steinchen in Feld 1. Auf einem Bein überspringt er Feld 1, von Feld 2 hüpft er auf das Doppelfeld 3 und 4, mit beiden Beinen landen: Auf einem

Bein hüpft er weiter zu Feld 5 und wieder beidbeinig in das Doppelfeld 6 und 7. Er springt hoch, dreht sich herum und hüpft er wieder zurück bis Feld 2, hebt das Steinchen aus Feld 1 auf und springt über Feld 1 hinweg.
Gelingt es ihm fehlerfrei – nicht auf die Linie treten, der Stein bleibt im Feld liegen –, ist der betreffende Spieler weiter an der Reihe und wirft diesmal das Steinchen in Feld 2, springt danach zuerst in Feld 1, dann in Feld 3 usw. Macht er einen Fehler, ist der nächste an der Reihe. Sein Steinchen bleibt liegen und er muss es in der nächsten Runde von da an noch einmal probieren. Wer als erster alle Felder von 1 bis 7 abgehüpft hat, gewinnt die Hüpfrunde.

Fehler:

- auf die Begrenzungslinie treten
- einen Fuß außerhalb des Spielfeldes aufsetzen
- ein Feld in der falschen Reihenfolge betreten
- den Stein falsch werfen oder auf den Stein treten

Zahlen hüpfen

Ab 8 Jahren

Ein quadratisches Hüpffeld mit 12 Feldern aufzeichnen. Die Zahlen 1 bis 9 in beliebiger Reihenfolge in die Felder schreiben, in die unbeschrifteten Felder eine Sonne malen.

Die Spieler hüpfen in der Reihenfolge der Zahlen in die Felder. Die eingebauten Sonnenfelder können zum Ausruhen angesprungen werden, auch beidbeinig. Wer die falsche Reihenfolge wählt oder die Linie betritt, muss eine Runde aussetzen. Die Zahlenreihe kann auch in umgekehrter Reihenfolge gehüpft werden.

Springseil und Gummitwist

Springseilchen

Ab 6 Jahren

Material: 1 Springseil

Hüpfversionen

- Grundsprung mit einem kleinen Zwischenhüpfer
- auf einem Bein hüpfen
- abwechselnd auf dem rechten und dem linken Bein hüpfen
- vorwärts laufen und dabei über das Seil springen
- sobald das Seil über dem Kopf ist, die Arme vor dem Körper kreuzen und über die Schlaufe hüpfen
- das Seil doppelt so schnell schwingen, sodass es bei nur einem Sprung zweimal unter den Füßen durchsaust.
- mit nach vorne ausgestrecktem Bein springen, mal rechts, mal links
- Rückwärts springen: das Seil liegt vor den Füßen und wird nach hinten über den Kopf geschwungen, alle Hüpfversionen können auch rückwärts gesprungen werden

Vers zum Seilspringen

Teddy bear, teddy bear, turn around,
Teddy bear, teddy bear, touch the ground
Teddy bear, teddy bear, reach up high
Teddy bear, teddy bear, touch the sky
Teddy bear, teddy bear, bend down low
Teddy bear, teddy bear, touch your toe
Teddy bear, teddy bear, how old you are?
One, two, three, ...

Vers zum Seilspringen

Henriette, goldne Kette,
goldner Schuh, wie alt bist du?

Zwillingssprung

Ab 8 Jahren

Zwei Springer stehen nebeneinander und halten sich an der Hand. Mit der freien Hand hält jeder ein Seilende. Auf ein Kommando schwingen beide gleichzeitig das Seil und springen. Sobald sie im gleichen Rhythmus hüpfen, können sie mit dem schwingenden Seil auch vorwärts laufen.

Vers zum Seilspringen

Verliebt, verlobt, verheiratet, geschieden.
Wie viele Kinder willst du kriegen?

Doppelsprung

Ab 8 Jahren

Zwei Springer stehen einander gegenüber. Einer schwingt das Seil, beide hüpfen den Grundsprung. Während des Springens übergibt einer dem anderen das Seil!

Sprünge zählen

Ab 8 Jahren

Der Springer nennt nach dem Vers sein Alter und springt die entsprechende Zahl. Wenn er vergisst zu springen oder auf das Seil tritt, scheidet er aus.

Schwungseilspringen

Ab 8 Jahren

Material: 1 Schwungseil, ca. 4 m lang

Zwei Spieler nehmen die Enden eines langen Seiles und gehen so weit auseinander, bis das Seil beim Durchhängen gerade noch den Boden berührt. Ein weiterer Spieler geht in die Mitte. Jetzt wird das Seil geschwungen und der Spieler springt darüber, wenn das Seil den Boden berührt. Die Kinder, die springen, sagen dazu einen Vers auf, z. B.:

Jumping Jack, Jumping Jack dreh dich um
(einmal um sich selbst drehen),
Jumping Jack, Jumping Jack klatsch bum, bum
(zweimal in die Hände klatschen),
Jumping Jack, Jumping Jack heb den Schuh
(auf einem Bein hüpfen),
Jumping Jack, Jumping Jack wie alt bist du?
(dabei zählen).

Macht der Springer einen Fehler, scheidet er je nach Anzahl der Mitspieler aus oder tauscht die Rolle mit einem Standspieler.

Vers zum Gummitwist

Hau ruck, Donald Duck,
Micky Maus, Mitte, Raus.

Gummitwist

Ab 8 Jahren

Material: 1 Gummiband, ca. 4 m lang

Das Gummiband zu einem Ring knoten. Das Band um die Füße zweier Spieler (Steher) spannen und dehnen – sie stehen mit auseinandergestellten Beinen einander gegenüber. Ein dritter Mitspieler (Springer) hüpft nun in einer vorher verabredeten Sprungfolge auf oder zwischen das Gummiband. Begeht er einen Fehler, ist der nächste an der Reihe. Gelingt ihm ein fehlerfreier Ablauf, wird der Schwierigkeitsgrad erhöht (Höhe der Bespannung: 1. Fußknöchel, 2. Knie, 3. Hüfte und Beinstellung: normal, eng, weit). Der Sprungrhythmus kann durch Verse verstärkt werden.

Fehler:

- Der Springer landet auf einem falschen Gummi,
- bleibt hängen oder verheddert sich,
- lässt einen Sprung aus,
- hält die Sprungfolge nicht ein.

Die Reise zum Mond – eine Bewegungsgeschichte

Die Reise zum Mond

Ab 7 Jahren

Der Erwachsene erzählt die Geschichte, die Kinder führen dazu pantomimische Bewegungen durch:
„Wir machen eine Reise zum Mond. Wir ziehen zunächst den Raumanzug an. Erst stecken wir ganz vorsichtig das rechte Bein hinein, dann das linke Bein, dann den rechten Arm und den linken Arm. Zum Schluss ziehen wir Zentimeter für Zentimeter den Reißverschluss am Bauch zu. Jetzt sind die schweren Mondkraterstiefel dran: erst schieben wir den rechten Fuß hinein, dann den linken Fuß und mit beiden Füßen rucken wir die Stiefel fest.
Als nächstes müssen wir die Mondrakete mit ganz viel Luft volltanken, dazu holen wir tief Luft und pusten kräftig. Und noch einmal. So, das wäre geschafft. Nun schrauben wir den Tankdeckel zu, setzen den Astronautenhelm auf, gut festzurren, streifen die Handschuhe über, schließen den Klettverschluss und nun steigen wir alle in die Rakete ein."

Alle Spieler stellen sich hinter den Spielleiter und halten sich an der Hüfte des Vordermannes fest!

„Alle gehen in den Hocksitz, der Countdown läuft, wir zählen mit (auf englisch): 10 – 9 – 8 – 7 – 6 – 5 – 4 – 3 – 2 – 1 – 0. Wir starten ins Weltall, ab geht der Flug. Achtung, auf der linken Seite ein Planet, wir müssen eine lange, scharfe Rechtskurve machen. Schnell die Köpfe nach unten nehmen, ein anderes Raumschiff fliegt über uns hinweg. Glück gehabt, jetzt kommt noch von der rechten Seite ein kleiner Meteor, wir fliegen schnell eine Linkskurve. Geschafft, weiter geht's. Wir überqueren die Milchstraße, da sind ja so viele Sterne zu sehen. Ob die alle einen Namen haben? Oje, das ruckelt aber gewaltig. Schnell die Köpfe wieder einziehen, das andere Raumschiff kommt uns wieder entgegen. Ob die uns verfolgen? Nun noch eine scharfe Linkskurve und da unter uns liegt der Mond. Wie schön! Wir umrunden ihn ganz langsam – und noch einmal. Habt ihr den Mann im Mond gesehen? Winkt ihm zu!
Wir machen wir uns nun auf den Heimweg. Dabei fliegen wir ganz schnell und schneller und immer schneller. Stopp! Hurra, wir sind gelandet!"

Empfehlenswerte Spielmaterialien

- Bälle in verschiedenen Größen und aus unterschiedlichen Materialien
- Spring- und Kletterseile
- Fahrrad
- Inline-Skater, Rollschuhe, Skateboard
- Schlitten, Schlittschuhe, Skier
- Hula-Hoop-Reifen
- Frisbee, Wurfscheiben, Indiaca
- Tischtennis, Tennis, Federball
- Schaukel

Holzstelzen

Ab 8 Jahren (mit Hilfe des Erwachsenen)

***Material:* 2 Vierkanthölzer (körperlang), 1 Holzbrett (30 cm x 10 cm x 3 cm) und 4 Allzweckschrauben, Fuchsschwanzsäge, Sandpapier, Bohrmaschine, 3 mm / 4 mm Bohrer**

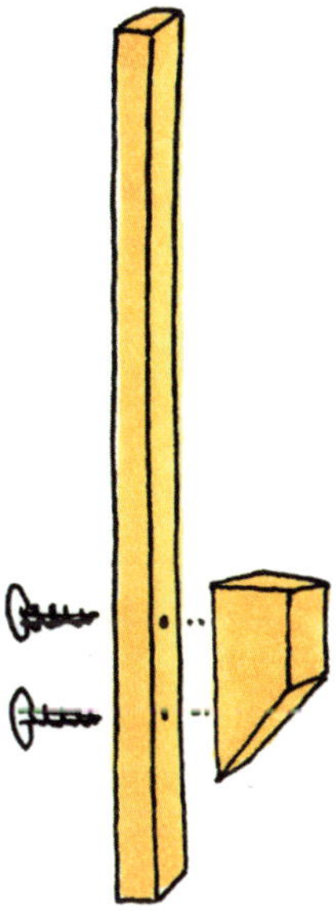

Das Brett für die Tritte schräg durchsägen und die Schnittkante mit Sandpapier glatt schmirgeln. Vierkanthölzer mit einem 4 mm-Bohrer durchbohren. Tritte mit einem 3 mm-Bohrer anbohren. Tritte mit zwei Schrauben fest an die Vierkanthölzer schrauben. Die Schrauben bis zum Ende eindrehen, sonst besteht Verletzungsgefahr.

Die Stelzen werden mit den Armen und Händen umfasst und eng an den Körper gepresst, die Füße stehen dabei auf den Trittbrettern. Gefordert sind Ausdauer und gute Körperkoordination.
Tipp: Geübte Stelzengeher veranstalten einen Wettlauf oder gehen durch einen Hindernisparcours.

Indiaca

Ab 7 Jahren

***Material:* 1 Kugel aus Kork oder Styropor (ca. 5 cm Durchmesser), 10 bunte Hühnerfedern, Holzgrundiermittel, Lackfarbe, Alleskleber, evtl. Flaumfedern, Stecheisen, Pinsel**

Die Kugel erst mit Grundierung streichen, trocknen lassen, dann farbig anmalen und wieder trocknen lassen. Mit einem Stecheisen 10 Löcher nahe beieinander in die Kugel stechen. Den Kiel jeder Feder mit Alleskleber bestreichen und in ein Loch stecken. Eventuell zusätzlich Flaumfedern in die Löcher stecken und trocknen lassen.

Indiaca ist ein sehr altes Spiel, das vor einigen hundert Jahren von den Indianern Südamerikas erfunden wurde. Die Einheimischen nannten den Federball „Peteka", und unter diesem Namen ist das Spiel dort noch heute sehr populär. Nach Europa kam das Spiel Anfang des 20. Jahrhunderts, als ein Reisender am Strand der Copacabana junge Leute beobachtete, die, wie er erst dachte, einen gut dressierten bunten Vogel zwischen sich hin und her trieben. Bei genauem Hinsehen stellte er fest, dass sie mit einem mit bunten Federn bestückten Ball spielten ...
Indiaca ist ein Rückschlagspiel, das man zu zweit oder mit je zwei bis fünf Mitspielern – mit oder ohne Netz – spielen kann. Die Regeln sind ähnlich wie beim Volleyball.

3.4 In jedem steckt ein Künstler

Zur kreativ-gestalterischen Entwicklung

Das jüngere Grundschulkind malt noch sehr gerne. Die Größe und Anordnung von Bildmotiven folgt nicht der sichtbaren Realität, sondern noch zeichnet es die Dinge groß, detailreich oder zentriert, die ihm bedeutsam erscheinen. Erst allmählich erfasst es die Bedeutung der Flächenausmaße, nimmt die Grenzen des Malblattes wahr und füllt die gesamte Fläche des Blattes.

Das Kind beobachtet genau und intensiv und bald verfeinern sich seine bildlichen Darstellungen. Zunehmend ähneln die gezeichneten Bilder den realen Dingen. Das Kind erfasst und beachtet die Besonderheiten von Menschen, Tieren, Häusern. Personen werden mit Eigenschaften abgebildet, sie sind groß, klein, männlich, weiblich, alt, jung und je nach Absicht werden sie mit Kleidung, Schmuck und anderem Zubehör ausgestattet.

Friederikes (9;9 Jahre) Freundin Jana (9;10 Jahre) geht schon seit einem Jahr in die Kinderkunstschule. Gestern war Friederike zum ersten Mal mit, denn die KKS hatte zum Tag der offenen Tür eingeladen. Die vielen bunten Bilder, die kleinen und großen Skulpturen, die dort ausgestellt waren, haben ihr gut gefallen, denn Malen und Zeichnen ist ihr Hobby. Nun ist es aber leider so, dass man für die Teilnahme in der KKS Geld bezahlen muss. Als Friederike dann später am Nachmittag zufällig ihre Patin traf, hat sie der ganz begeistert von der KKS erzählt. Und die hat so nebenbei erwähnt, dass Friederike ja bald einen runden Geburtstag habe, und sich dann ja vielleicht ja ein Herzenswunsch erfüllen könnte ...

Gegen Ende der Grundschulzeit wird die Darstellungsweise immer detailgetreuer und präziser, die Farbgebung und Größenverhältnisse entsprechen immer mehr der Realität. Das Kind entdeckt die Räumlichkeit und beginnt perspektivisch zu malen, es versucht, Grundrisse oder Querschnitte aufs Papier zu bringen. Es verfolgt eine ganz bestimmte Darstellungsabsicht. Gelingt die zeichnerische Umsetzung seiner Absicht nicht, setzt das Kind auch Sprechblasen ein.

Es naht das Ende des „Malalters". Der Drang zur perfekten, realistischen Darstellung wird oft durch Zensurendruck in der Schule verstärkt. Bald malt das Kind nicht mehr nur aus Freude, sondern es möchte den eigenen und fremden Erwartungen gerecht werden, es steht unter Leistungsdruck. Bei Abwertung oder Fehleinschätzung seiner künstlerischen Leistung, z. B. durch eine schlechte Note, kann es passieren, dass ein Kind die Freude am Malen gänzlich verliert und gar nicht mehr freiwillig malt.

Parallel zum Malen und Zeichnen entwickelt das Kind seine Fertigkeiten im Bereich des zwei- und dreidimensionalen Gestaltens. Dem anfänglichen Experimentieren im Vorschulalter folgt zunehmend die gezielte Materialerkundung. Das Kind setzt sich mit dem konkreten Material, seiner Form und Beschaffenheit auseinander und es erkennt, welche plastischen Gestaltungsmöglichkeiten das Material bietet. Es entwickelt differenzierte Objekte, die es auch bei seinen weiteren spielerischen Aktivitäten nutzt.

Eltern und andere Bezugspersonen sollten beim Malen und Gestalten mit Kindern sehr sensibel vorgehen und möglichst viele gestalterische Freiheiten zulassen, nur so können die Kinder ihre Freude und Lust an bildnerischen und plastischen Ausdruckstechniken beibehalten.

Tipps zur Unterstützung des kreativen Gestaltens

- Den Kindern für vielseitige Gestaltungstechniken ein breites Materialangebot mit passendem Werkzeug zur Auswahl stellen.
- Für Gestaltungsarbeiten und -spiele brauchen Kinder Zeit, Ruhe und den entsprechenden Platz.
- Nicht vorschnell Ratschläge, Vorschläge oder Tipps geben, sondern entsprechende Fragestellungen des Kindes abwarten. Meistens finden Kinder eigene Strategien zur Problemlösung.
- Den schöpferischen Prozess des Kindes sprachlich-interessiert begleiten und den Einfallsreichtum, die Ausdauer oder das Durchhaltevermögen angemessen bekräftigen, das stärkt das Selbstwertgefühl des Kindes.
- Den fertigen Bildern, Skulpturen, Plastiken und Objekten sollte der Erwachsene ausreichende Beachtung und Wertschätzung geben, indem er sich nach der Entwicklung, Entstehung oder dem Fortschritt erkundigt.
- Spiel- und andere Objekte gemeinsam ausprobieren und/oder einen geeigneten Platz zur Präsentation suchen.
- Sachliteratur versetzt das Kind in die Lage, sich selbstständig Wissen über Gestaltungstechniken anzueignen. Mit den angeeigneten Informationen erweitert es seinen Horizont und verstärkt seine fortschreitende Entwicklung zum konzeptionellen Gestalten: Wie schaffe ich es, einen flugtauglichen Drachen zu bauen?
- Besuche im Kunst- oder Technikmuseum unterstützen seine Wissbegierde und wecken Interesse an Kunstwerken und Objekten, aber auch an den Personen, die sie geschaffen haben.
- Einen ausrangierten Schrank, zu dem die Kinder jederzeit Zugang haben, als Bastelwerkstatt einrichten. In Mappen, Schalen, Kartons und Schachteln werden Dinge gesammelt und aufbewahrt, auch das gebräuchlichste Handwerkzeug findet in dem Schrank übersichtlich eingeordnet seinen Platz.

Masken, Mosaike und Skulpturen

Gipsmasken

Ab 8 Jahren

Material: Gipsbinden (aus der Apotheke), 1 Schere, Fettcreme oder Vaseline, 2 kurze Röhrchen, Malfarben

Pro Maske werden etwa zwei Gipsbinden benötigt. Die Gipsbinden in ca. 1 cm breite Streifen schneiden. Die Kinder gehen zu zweit zusammen, ein Kind legt oder setzt sich hin. Das Gesicht und die Augenbrauen gut mit einer Fettcreme eincremen, sonst geht die Maske hinterher schlecht ab. In die Nasenlöcher jeweils zwei kurze Röhrchen (dicke Trinkhalme kürzen) stecken, damit durch die Nase geatmet werden kann. Nun das Gesicht in mehreren Lagen mit den Gipsbinden belegen, damit die Maske schön stabil wird. Nach dem Trocknen (unter der Maske wird es warm) die Gipsmaske vorsichtig vom Gesicht herunternehmen. Anschließend die Maske bemalen oder mit Dekorationsmaterial bekleben.

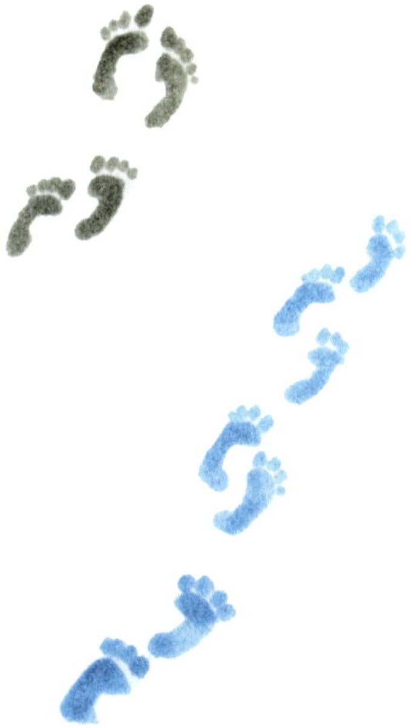

Reliefbilder

Ab 8 Jahren

Material: Modelliergips, frischer Ton, stufenlos verstellbarer Backformring (eckig oder rund, 6 cm hoch), Nudelholz, Frischhaltefolie (auf der Rolle), Rührschüssel, Rührlöffel und Schneebesen, Kordel, Schere, Schwämmchen, beliebige Gegenstände zum Eindrücken (Muscheln, Netze, Äste, Gräser, Blätter, Murmeln, Figuren)

Die Arbeitsfläche mit Folie abdecken. Einen frischen Tonklumpen auf die Folie legen und mit den Händen flachdrücken, dann mit dem Nudelholz glatt rollen (mindestens 1 bis 2 cm dick). Den Backrahmen in die gewünschten Bildgröße bringen und in den Ton eindrücken, den Rahmen entfernen. Die ausgewählten flachen Gegenstände nun in den Ton drücken. Je tiefer sie hineingedrückt werden, desto plastischer erscheinen sie später im fertigen Bild. Zum Schutz der Gegenstände am besten erst Frischhaltefolie darüber legen dann mit dem Nudelholz darüber walzen, bis sie sich eingedrückt haben. Dann den Backrahmen wieder aufsetzen. Gipspulver in die Schüssel füllen und kaltes Wasser dazu geben (im Verhältnis 1:4), alles gut durchmischen. Zum Schluss mit dem Schneebesen durchrühren, bis die Gipsmasse dickflüssig ist und eine sahneartige Konsistenz hat. Die Gipsmasse sofort vorsichtig auf die Tonplatte in den Backrahmen gießen. Je dicker die Gipsschicht (mindestens 2 bis 4 cm), desto stabiler ist später das fertige Gipsbild. Den Gips gleichmäßig verteilen und glätten. In die noch nicht getrocknete Gipsmasse das Kordelstück als Aufhängeschlaufe am oberen

Bildrand eindrücken. Den Gips nun ca. eine Stunde aushärten lassen, dann den Backrahmen entfernen. Der Gips wird zwischendurch warm, da er bindet. Das Gipsbild samt Tonplatte senkrecht stellen und die Tonplatte vorsichtig abziehen. Ist die Tonplatte (Gussform) beim Abziehen ganz geblieben, kann sie für ein weiteres gleiches Bild verwendet werden oder die Tonplatte zum Klumpen zusammendrücken, durchkneten und in Frischhaltefolie für die weitere Verwendung aufheben. Vorhandene Tonreste abzupfen und überstehende Gipsgrate am Bildrand mit dem Daumen wegdrücken. Die Oberfläche des Gipsbildes hat die Farbe vom Ton angenommen. Wenn sie entfernt werden soll, das Gipsbild unter fließendem kaltem Wasser mit dem Schwämmchen ganz oder stellenweise abwaschen.

Variation: Es kann auch ein Relief mit dem eigenen Hand- oder Fußabdruck hergestellt werden.

Mosaike

Ab 8 Jahren

Mosaike können aus Glas- und Fliesenscherben, Steinen, Sand, Holzscheiben und anderen flachen Gegenständen zusammengesetzt werden. Die Grundlage bildet eine runde oder eckige Fläche, die einen Rand erhält. Diese Form mit flüssigem Gips ausgießen. Bevor der Gips abbindet, werden die Scherben oder Gegenstände in die Gipsmasse gedrückt.

Fantasiewerkstatt

Ab 7 Jahren

In der Fantasie-Werkstatt werden aus allen möglichen Sachen Kunstwerke angefertigt, z. B. aus Styropor, Blechdosen, Federn, Ästen und noch vielen anderen Dingen. Die entstandenen Werke sehen immer anders und sehr interessant aus.

Skulpturen

Ab 7 Jahren

Ytongstein und Speckstein eignen sich für die Anfertigung von Skulpturen. Aus der vorhandenen Grundform können je nach Fantasie und handwerklichem Geschick abstrakte oder figürliche Objekte entstehen. Dazu wird das Material mit Hammer, Meißel, Feile, Säge und Raspel so lange bearbeitet, bis die gewünschte Form erkennbar ist. Die Skulptur kann abschließend noch mit Sandpapier glatt geschliffen werden.
Ebenso kann aus feinmaschigem Draht eine dreidimensionale Figur geformt werden. Das Drahtgestell wird anschließend mit Pappmaschee (Herstellung siehe S. 89) ausmodelliert. Nach dem Trocknen erhält die Figur eine farbige Ausgestaltung und wird abschließend mit Bootslack wetterfest lackiert.

Seifenhasen

Ab 7 Jahren

Material: 1 Stück Cremeseife, kleines Küchen- oder Taschenmesser, Bleistift, Schuhkartondeckel für Seifenabfälle

Mit dem Stift die Gesichts-, Kopf- und Körperform des Hasen auf die Seife skizzieren. Mit dem Messer sorgfältig die skizzierte Form schnitzen, die Augen herauskratzen und zum Schluss die Unebenheiten abschaben.

Die Seifenreste können in einem Duft-Stoffsäckchen aufbewahrt werden. Dazu ein quadratisches Stückchen Stoff an den Ecken mit einem Bindfaden zusammenknoten.

Flieg geschwind, mit dem Wind!

Riesen-Seifenblasen

Ab 7 Jahren

Material: Wasser, Neutralseife, Kleisterpulver, Zucker, Glyzerin (aus der Apotheke), Schüssel, Rührlöffel, flache Schale (großer Blumentopfteller)

Herstellung: ⅛ l Wasser, 5 EL Neutralseife, 1 TL Kleisterpulver und 4 EL Zucker gut verrühren und einen Tag ruhen lassen. Weitere ⅞ l Wasser und 2 EL Glyzerin einrühren. Die Lauge in eine flache Schale gießen.
Einen Federball- oder Tennisschläger ohne Netzbespannung in die Lauge tauchen und anschließend durch die Luft schwingen.

Alternativ: Einen Drahtbügel (aus der Reinigung) mit der Spitzzange aufbiegen, einen langen Schnürsenkel vorsichtig darüberziehen. Den Draht um einen Topf (ca. 20 cm Durchmesser) zu einem Ring biegen und mit der Zange gut zusammendrehen.

Drachenvogel

Ab 7 Jahren (mit Hilfe eines Erwachsenen)

Material: 1 hölzerne Vierkantleiste (10 x 10 mm, 1,30 m lang), kleine Säge oder Messer, 1 hölzerne Flachleiste (4 x 12 mm, 1,05 m lang), Metermaß, Bleistift, Klebestift, 1 Spannschnur (etwa 1 mm stark, 3,50 m lang), Drachenpapier (120 x 150 cm), Schere, ein kleiner Metallring (etwa 15 mm Durchmesser), 1 Steigleine mit Spindel, 1 Paketschnur (etwa 4,50 m), 25 Blätter buntes Drachenpapier (etwa 25 x 25 cm), Locher

Herstellung: Für das Holzkreuz: mit der kleinen Säge 1 cm von den Enden der langen Leiste entfernt eine Rille in das Holz sägen, bei der flachen Leiste zwei tiefe, seitliche Kerben.
40 cm von einem Ende der langen Leiste mit Bleistift markieren, an der flachen Querleiste genau die Mitte markieren (bei 52,5 cm). Quer- und Längsleiste über Kreuz legen, sodass die Markierungen aufeinander liegen und sich vier rechte Winkel ergeben. An dem

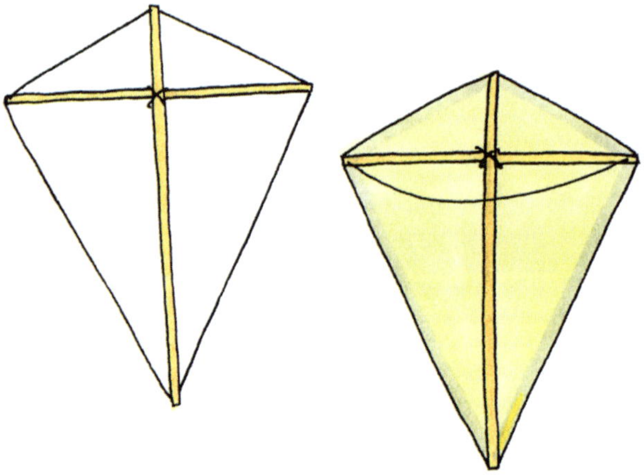

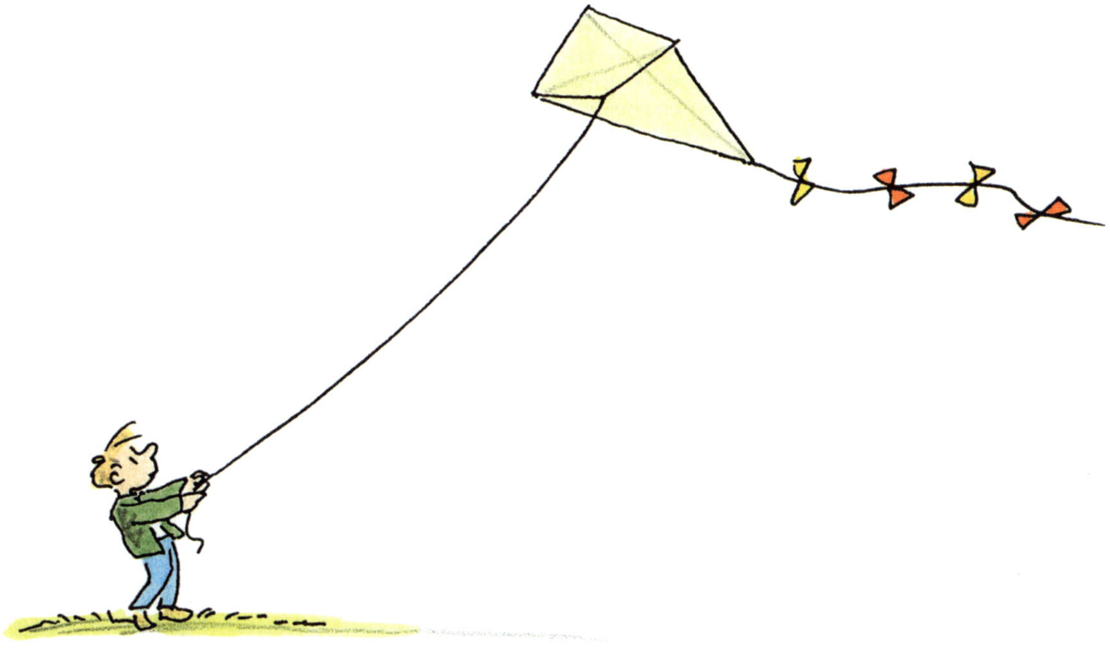

Kreuzungspunkt die beiden Leisten mit etwas Spannschnur zusammenbinden (zusätzlich kleben).
Die Spannschnur rund um das Gestell ziehen, dabei den Bindfaden einige Male an den Einkerbungen umwickeln und mit einem Knoten festbinden (nicht verziehen). Das Holzgerüst so auf die linke Seite des Papiers legen, dass die kurze Querleiste unten liegt. Das Papier 4 cm über die Bespannung hinaus abschneiden. Diesen Klebesaum mit dem Klebestift bestreichen, umklappen und um die Schnur festkleben.
Wenn alles trocken ist, eine Spannschnur auf der Hinterseite, an den Enden der Querleiste befestigen. So straff spannen, dass der Faden nur noch 90 cm lang ist und die Leiste sich wölbt. Auf der Vorderseite, an den beiden Enden der Längsleiste, eine etwa 210 cm lange Schnur befestigen, an die später die Steigleine gebunden wird. Ca. 85 cm vom oberen Ende des Drachens entfernt die Schnur zu einer kleinen Schlaufe legen und durch einen Metallring ziehen. Hieran die Steigleine binden.

Vorsicht: Den Drachen nur in offenem Gelände steigen lassen. Nicht in der Nähe von Bäumen, Telegrafenmasten, Stromleitungen und Fernsehantennen.

Seit wann gibt es Drachen?

Die ersten Drachen, von denen man weiß, schwebten in China im 5. Jahrhundert v. Chr. durch die Lüfte. Sie waren sehr kostbar, denn sie bestanden aus Bambusstäben und Seide. Mit der Erfindung des Papiers wurde die Herstellung billiger und die Drachen verbreiteten sich schnell bis nach Japan und Korea. Die Menschen im alten China und Japan glaubten, dass die Drachen ihre Wünsche zu den Göttern tragen würden.
Heute ist das Drachensteigenlassen in der ganzen Welt eine beliebte Freizeitbeschäftigung. Es ist ganz einfach, wie früher einen Drachen aus Papier herzustellen. Dank ausgefeilter Techniken und hochwertiger Materialien gibt es inzwischen die unterschiedlichsten Drachenformen, z. B. Lenkdrachen, Vierleiner-Ballettdrachen oder Mattendrachen.

Bastelspaß mit Stock und Stab

Riesenmikado

Ab 7 Jahren (mit Hilfe eines Erwachsenen)

***Material:** 41 beiderseits abgerundete Rundholzstäbe (Durchmesser 0,5 cm, Länge 80 cm), Sandpapier, rote und grüne Wolle, Schere*

Herstellung: Um der Verletzungsgefahr vorzubeugen, die Rundholzstäbe an den Enden mit Sandpapier abrunden. Die Stäbe mit Wolle umwickeln, um ihren unterschiedlichen Wert zu kennzeichnen:
15 Stäbe – je 3 Punkte, rot-blau (Kuli)
15 Stäbe – je 3 Punkte, rot-grün-blau (Samurei)
5 Stäbe – je 5 Punkte, rot-blau-rot blau-rot (Bonzen)
5 Stäbe – je 10 Punkte, blau-rot-blau (Mandarin)
1 Stab – 20 Punkte, blau (Mikado)
Das Riesenmikado kann in einem großen Raum oder draußen gespielt werden. Es sollten nicht mehr als 10 Spieler teilnehmen. Der erste Spieler steht in der Mitte einer Freifläche, hält das Bündel Stäbe mit beiden Händen und lässt es los, sodass die Stäbe zu einem zufälligen Haufen auseinanderfallen. Mit den Händen holt er dann einen Stab heraus. Bewegt sich dabei ein anderer Stab, ist der nächste Spieler an der Reihe. Schafft er es, ohne dass ein anderer Stab wackelt, darf er weitermachen. Wer den Mikado erobert, kann ihn zum Herausfischen weiterer Stäbe benutzen.

Was ist Mikado?

Seinen Namen hat das Spiel von dem Stab mit dem höchsten Wert: Er ist blau gestreift und heißt Mikado (Titel des japanischen Kaisers, auch Tennō genannt). In der Regel werden 41 gleich lange, unterschiedlich bemalte Holzstäbchen verwendet, die verschiedene Punktwerte besitzen.

Stabpuppe

Ab 7 Jahren (mit Hilfe eines Erwachsenen)

***Material:** Pappkugel bzw. Pappei (Durchmesser 14 cm), Rundholzstab (70 cm lang, Durchmesser 1 cm), Styroporhalbkugel (7 cm oder größer), Cuttermesser, Segmente kleinerer Pappkugeln, Pappreste, Packpapier, Kleister, Heißklebepistole und Patronen, weiße Wandfarbe, Wollreste, Schere, Dispersionsfarben, Pinsel, Stoffe oder abgelegte Hemden*

Herstellung: Im Durchmesser des Rundholzstabes mit dem Cutter ein Loch in die Pappkugel schneiden und den Stab mit Klebstoff aus der Heißklebepistole befestigen. Augen, Nase, Augenbrauen, Kinn und Ohren aus Segmenten kleinerer Pappkugeln mit Heißkleber auf der Pappkugel anbringen. Möglichst einfache, klare, plastische Grundformen wählen. Anschließend das Gesicht kaschieren, d. h. klein gerissene Papierstücken einkleistern und aufkleben, bis die Gesichtszüge deutlich und glatt erkennbar sind. Den Kopf mit weißer Wandfarbe grundieren und mit Dispersionsfarben bemalen. Aus Wolle, Bast, Fell etc. können zusätzlich Haare oder ein Bart angebracht werden. Um den Kopf mit dem Körper zu verbinden, wird die Styroporhalbkugel als Halswulst auf den Rundholzstab gesteckt (zusätzlich festkleben). Als Spielkleid sollte einfarbiger oder kleingemusterter Stoff verwendet werden.

Empfehlenswerte Spielmaterialien

- Wasserfarben, Acryl-, Öl- und Aquarellfarben
- Tusche, Kohle
- unterschiedliche Papiersorten
- Leinwand
- verschiedene Pinselarten
- Tonerde
- Salzteig
- Holz
- Gips
- Ytongstein, Speckstein
- Werkzeug
- Verpackungs- und Naturmaterial
- unterschiedliche Textilien

(weitere Tipps siehe S. 91)

Leinwandbilder

Ab 8 Jahren

Material: 2 x 2 Holzlatten in gleicher Länge, Holzleim, 4 Metallwinkel, Baumwolltuch (Betttuch), Hammer und Nägel oder Tucker

Die Holzlatten an den Ecken spitzwinklig zusägen (45 Grad), mit Holzleim zu einem Viereck verkleben, ggf. den Rahmen mit flachen Metallwinkeln stabilisieren.
Ein weißes, rechteckiges Baumwolltuch unter Spannung auf den Rahmen nageln oder mit Heftklammern festtackern.

Das Tuch mit einem Anstrich aus Holzleim, der mit einigen Tropfen Wasser verdünnt wurde, präparieren (es saugt sich sonst zu sehr voll). Vor dem ersten Farbauftrag die Leinwand gut trocknen lassen.

Erdfarben

Ab 7 Jahren

Material: grobes Sieb, feines Sieb, alte Zeitungen, angerührter Kleister, Gläser zum Aufbewahren

Im Wald, Stadtpark, auf dem Feld, im Baggerloch nach verschiedenfarbigen Erdsorten suchen. Die Erde zum Trocknen auf einer Zeitung ausbreiten. Blätter, Steine und Sonstiges entfernen. Die trockene Erde zuerst durch ein grobes, dann durch ein feines Sieb auf die ausgelegte Zeitung sieben. Das Erdpulver in einem Schraubglas mit etwas Wasser verdünnen oder mit Kleister zu Fingerfarbe vermischen.

Mit einem dicken Pinsel oder mit dem Finger die Erdfarben auf steinige oder glasige Flächen auftragen.

Straßenkreide

Ab 7 Jahren

Material: Pigment- oder Dispersionsfarbe, Gipspulver, Schüssel, Spachtel, leere Filmdosen, Teppichmesser

Herstellung: 2 Filmdosen Gipspulver, 1 Filmdose Wasser, ½ Filmdose Farbe in einer Schüssel verrühren. Den farbigen Gipsbrei mit Hilfe des Spachtels in eine Filmdose füllen und ca. zwei Stunden trocknen lassen.

Anschließend die Filmdose mit einem Teppichmesser aufschneiden und das fertige Kreidestück heraustrennen.

3.5 Mit Musik geht alles besser

Zur musikalischen Entwicklung

In allen Kulturen der Welt spielt Musik eine große Rolle. Musik spricht Körper und Geist ganzheitlich an und durch Musik werden die Gehirnzentren für Lernen, Sprache, Gedächtnis, Kreativität und Emotionen umfassend angeregt. Musikerziehung fördert die Intelligenzentwicklung und hilft bei Konzentrationsschwächen des Kindes. Dabei spielt es keine Rolle, ob ein Kind musikalisch ist oder nicht. Kinder müssen nicht an Musik herangeführt werden, sie leben Musik, denn schon die Jüngsten summen und singen, rascheln mit Tüten oder bauen „Instrumente" aus Küchengeräten. Bei Grundschulkindern ist die Lust zum experimentellen Musizieren sehr groß, Sing- und Tanzspiele machen ihnen viel Spaß. Musizieren ist in jeder Hinsicht förderlich und Kinder lernen auf viele Dinge gleichzeitig zu achten, sie singen den Text, hören auf die anderen Sänger, die Instrumente und machen Bewegungen dazu.

Jedes Kind profitiert davon, musikalisch gefördert zu werden, wobei es aber nicht darum geht, Kindern möglichst früh Noten und das Spielen von Blockflöte, Klavier oder Gitarre beizubringen, sondern vielmehr soll das Kind mit Musik spielerisch umgehen und vor allem lernen, Musik als Ausdrucksmittel zu verwenden. Kinder erfahren Musik individuell und interpretieren sie, das bedeutet, sie trainieren Fantasie, Kreativität und die Fähigkeit, Gefühle auszudrücken. So können musikalische Aktivitäten das positive Selbstbild des Kindes stärken.

Musik kann ganz selbstverständlich in den normalen Alltag von Kindern integriert werden, um das Leben mit Klang und Rhythmus zu bereichern, durch spontanes Singen, Musikhören und Tanzen.

Kinder tanzen gern – rhythmische und räumliche Spiele und Tänze knüpfen an diese Vorliebe an. Tanzen unterstützt die sinnliche Erfahrung des eigenen Körpers, fördert Koordinationsfähigkeit, Beweglichkeit, Rhythmusgefühl und Musikalität. Das Üben von Schritten und Schrittfolgen in freien, spielerischen Tanzimprovisationen unterstützt Ausdrucksfähigkeit und Kreativität. Gruppentänze mit geregelten Schrittkombinationen dagegen stärken Toleranz und Gemeinschaftssinn.

Die fünf Freunde Benjamin (7;7 Jahre), Lara (7;6 Jahre) Paulo (8;6 Jahre), Lennart (7;10 Jahre) und Sebastian (7;1 Jahre) wollen beim Straßenfest am nächsten Sonntag einen witzigen Tanz zeigen. Dazu üben sie heute mit Maike (19 Jahre) eine Schrittfolge. So heißt es jetzt: Hacke – Spitze, Hacke – Spitze, Schritt, Schritt, Schritt. Es ist gar nicht so einfach, denn dazu soll auch noch ein Text gesprochen werden. Außerdem muss man mit den Händen auf den Schultern des Vordermannes die Balance zu halten. Ziemlich schwierig, aber es macht allen total viel Spaß.

Tipps zur Förderung von Musikalität

- Jeder Mensch kann von Natur aus singen. Zu vielen Gelegenheiten sollte auch in der Familie gesungen oder musiziert werden.
- Schulkinder haben großes Vergnügen daran, selbst Musik- und Geräuscheinstrumente herzustellen. Das Lesen der Anleitung, das Organisieren der benötigten Teile, die Anfertigung und insbesondere der lärmende Einsatz kommen ihrem Lerneifer, ihrer Neugierde und Experimentierfreude sehr entgegen.
- Musik machen: Kinder sollten Gelegenheit bekommen, eigene Musikstücke zu erfinden (allein oder in der Gruppe, mit selbst gebauten Instrumenten etc.) und sie in Theater- oder sonstige Spiele zu integrieren.
- Musik und Emotionen: Kinder können angeregt werden, Gefühle, die sie beim Hören von Musik empfinden, zum Ausdruck zu bringen, z. B. beim Malen (Welche Farbe hat diese Musik?), in Bewegung (Ist die Musik hoch oder tief, schnell oder langsam?). Kinder sollten aber auch Gelegenheit bekommen, der Stille zu lauschen.
- Im Rahmen von Festen und Feiern – oder auch so zwischendurch – den Kindern ermöglichen, eine Disco einzurichten, in der sie zu selbst ausgewählter Musik tanzen können. Mit Hilfe einer Playbackvorrichtung können sie dann noch eine Karaoke-Vorstellung geben, auch gemeinsam mit den Erwachsenen.
- Der Besuch eines Konzertes (Jazz, Klassik, Pop), eines Ballettstückes, einer Oper oder einer Operette macht Kinder mit verschiedenen Musikrichtungen vertraut. Viele Orchester bieten Kinderkonzerte an, die thematisch und musikalisch auf die Bedürfnisse der jüngeren Zuhörer eingehen. Teilweise bietet sich auch die Möglichkeit, hinter die Kulissen zu schauen, die Orchesterinstrumente in die Hand zu nehmen und mit den Musikern zu reden.
- Wenn das Kind ein Instrument spielen oder mit anderen im Chor singen möchte, bieten Musikschulen qualifizierte Angebote. Bei der Wahl des richtigen Instrumentes für das Kind ist zunächst der Wunsch des Kindes ausschlaggebend. Eine Probestunde in der Musikschule oder mit dem privaten Lehrer erleichtert dem Kind die Entscheidung. Das Instrument kann zunächst ausgeliehen werden, damit das Kind ausprobieren kann, ob es Freude am Spielen hat. Wichtig ist ein guter Kontakt zwischen Musiklehrer und Kind, der Unterricht sollte Spaß bereiten. Beim Üben das Kind nicht unter Druck setzen, wenig zu üben ist besser als gar nicht zu üben. Wenn das Kind gar kein Interesse mehr an seinem Instrument, dem Unterricht und dem Üben hat, sollte eine Pause vereinbart werden. Ein Auftritt im Rahmen eines Schul- oder Familienfestes oder einem Konzert kann enorm motivierend wirken.

Zahmer Limbo und andere Tanzspiele

Hast du oder hast du nicht?

Ab 8 Jahren

Material: Musik von CD

Die Tänzer bilden zwei Kreise, einen inneren und einen äußeren. Beide Kreise bewegen sich gegenläufig. Wenn die Musik stoppt, bleiben alle stehen und die Kinder im inneren und im äußeren Kreis wenden sich einander zu. Der Spielleiter fragt z. B.: „Hat dein Gegenüber ein rechtes Ohr?" Alle rufen: „Ja!" Die Musik setzt wieder ein, die Paare halten einander an den Ohren und tanzen so bis zum nächsten Musikstopp, bei dem eine andere Frage (Arm, Hand, Nase etc.) gestellt wird.

Zahmer Limbo

Ab 8 Jahren

Material: zwei Trittleitern, eine leichte Rundholzstange (Länge: ca. 2 m), Musik von CD

Die Rundholzstange in einer Höhe von ca. 1,20 m zwischen die zwei Trittleitern legen. Die Tänzer bewegen sich einzeln oder als Paare zur Musik und tanzen dabei unter der Stange her (Knie gebeugt, Oberkörper in Richtung Stange).

Nach jeder Tanzrunde wird die Stange etwas tiefer gelegt.

Ballon-Tanz

Ab 8 Jahren

Material: Luftballons, Äpfel oder Bierdeckel, Musik von CD

Zwei Tänzer tanzen für die Dauer eines schnellen Musikstücks mit einem aufgeblasenen Luftballon zwischen sich, ohne ihn mit den Händen festzuhalten.

Varianten: Ebenso kann auch ein Apfel oder ein Bierdeckel während des Tanzens mit den Köpfen gehalten werden.

Outfit-Tanz

Ab 10 Jahren

Material: Musik von CD, Zeitungspapier, Scheren, Packband

Die Tänzer suchen sich einen Partner und bewegen sich zur Musik. Stoppt die Musik, erhält jedes Paar ein Zeitungsblatt, eine Schere und zwei Meter Packband. Daraus soll innerhalb weniger Minuten ein Tanzdress kreiert werden. Das Outfit wird von einer Jury prämiert.

Uhu-Tanz

Ab 8 Jahren

Material: temporeiche Musik von CD

Die Tänzer bewegen sich paarweise zur Musik. Stoppt die Musik, ruft ein vorher bestimmter Tänzer: „Uhu an der Schulter!" Daraufhin tanzen die Paare Schulter an Schulter weiter. Beim nächsten Musikstopp wechseln die Partner und ein anderes Körperteil wird genannt.

Spiegeltanz

Ab 8 Jahren

Material: ruhige Musik von CD

Die Tänzer stehen sich auf der Tanzfläche zu zweit gegenüber. Zur Musik führen sie spiegelbildliche Bewegungen aus, wobei sie die Spielführung wechseln. Stoppt die Musik, werden die Partner gewechselt.

Affentanz

Ab 8 Jahren

Material: Musik von CD

Ein Mitspieler wird als Spielleiter bestimmt und gibt vor, wie getanzt werden soll: Zum Beispiel wie eine Affenhorde, wie Elefanten, wie ein Vogelschwarm ganz vornehm oder ganz wild, wie Roboter oder wie Blumen, Hip-Hop oder Rock'n'Roll.

Spotlight

Ab 8 Jahren

Material: temporeiche Musik von CD

Alle Tänzer bewegen sich zur Musik. Stoppt die Musik, gibt der Spielleiter verschiedene Anweisungen, z. B.:

- jeder begrüßt jeden mit Handschlag,
- durch Zuruf einer Zahl zwischen zwei und zehn Gruppen bilden,
- eine Formation bilden (Würfelaugen, Quadrat, Dreieck, Kreis, Stern),
- jeder sucht sich einen Partner und tanzt mit ihm Rücken an Rücken,
- alle tanzen nach der Musik wie Roboter (oder wie Schlangenmenschen).

Dies Spiel ist besonders geeignet als Auflockerung zu Beginn einer Discoveranstaltung.

Inseltanz

Ab 10 Jahren

Material: kurze Musikstücke von CD

Immer zwei Personen bilden ein Paar und erhalten eine Zeitungsseite, auf die sie sich zum Tanzen stellen. Nach jedem Musikstück wird die Seite einmal um die Hälfte zusammengefaltet. Auf der nun kleiner werdenden Fläche wird weitergetanzt.

Brummbass & Co.

Flaschenmusik

Ab 6 Jahren

Material: 8 etwa gleichgroße Flaschen, Wasser

Die Flaschen verschieden hoch mit Wasser füllen und mit einer stabilen Schnur an einem Besenstiel (oder einem Ast) aufhängen. Anschließend mit einem Löffel oder einem selbst gebauten Klöppel (Ästchen mit einer Perle) die Flaschen zum Klingen bringen.

Grashalmpfeifer

Ab 7 Jahren

Einen harten, scharfkantigen Grashalm suchen. Vorsicht, nicht in die Finger schneiden. Den Halm zwischen beiden Daumen und Daumenballen spannen und kräftig durch den entstandenen Spalt pusten. Wenn es beim ersten Mal nicht klappt, weiter üben!

Brummbass

Ab 8 Jahren

Material: 1 stabiles Papprohr (80 bis 100 cm lang), 3 bis 5 Baumwoll- oder Nylonfäden (doppelt so lang wie das Rohr), 3 bis 5 kleine Röhren, Material zum Dekorieren

Jeden Faden (Saite) als Schlaufe durch die Röhre ziehen und verknoten. Die kleinen Röhren als Steg zwischen Saite und Papprohr schieben und die Saite zupfen. Die Töne verändern sich, wenn der Steg verschoben wird.

Astgabelrassel

Ab 8 Jahren

Material: Handbohrer, Draht, Zange, kleine Säge, Äste

Im Wald nach Ästen und einer Astgabel der Esche suchen. In die Astgabel auf jede Seite mit dem Handbohrer zwei Löcher bohren. Mit der Säge von anderen Ästen etwa 9 Scheiben absägen. In jede Scheibenmitte mit dem Handbohrer ein Loch bohren. Je ein Drahtende an einem Loch der Astgabel befestigen und die Klangscheiben auf die zwei Drähte verteilt fädeln, 1x3 Scheiben, 1x4 Scheiben. Die Drahtenden durch die gegenüberliegenden Löcher in der Astgaben ziehen und befestigen.

Brummknopf

Ab 8 Jahren

Material: 1 großer Knopf oder 1 dünne Holzscheibe (ca. 10 cm Durchmesser), Handbohrer, feste Baumwollschnur

In der Mitte der Holzscheibe mit dem Handbohrer zwei Löcher anbringen. Die Baumwollschnur durch die Löcher der Scheibe oder des Knopfes ziehen und die Schnurenden verknoten. Den Knopf solange rund herum drehen, bis die Schnur an beiden Seiten eng aufgedreht ist. Jetzt ruckartig an beiden Schlaufen ziehen. Während der Knopf sich nun schnell dreht, ist ein surrender Ton zu hören.

Kastagnetten

Ab 8 Jahren

Material: zwei halbe Walnussschalen, Pappe, Schere, Wollfaden, Klebstoff

Aus der Pappe einen Streifen schneiden (15 x 5 cm). Den Streifen in der Mitte knicken. In die eine Hälfte der Pappe zwei Löcher stechen und einen Faden durchziehen und zu einer Fingerschlaufe verknoten. Auf jede Innenseite der Pappe eine halbe Walnussschale kleben.

Daumen und zwei Finger durch die Schlaufe stecken und klappern.

Kronenkorkenstab

Ab 8 Jahren

Material: ca. 20 Kronkorken; ein dicker, kurzer, runder Holzstab; vier lange Schrauben oder Nägel (je 15 cm), Handbohrer, 1 dickerer Nagel, Hammer, Brettchen zum Unterlegen

Mit Hammer und Nagel zwei Löcher in die eine Seite des Rundholzes schlagen und zwei in die gegenüberliegende Seite.
In die Mitte jedes Kronkorkens mit Nagel und Hammer auf einer Unterlage ein Loch anbringen. Auf zwei Seiten des Holzstabes zwei gegenüberliegende Löcher anbohren. Die Kronkorken auf die Schrauben oder Nägel aufreihen und fest in die vorgebohrten Löcher des Rundholzes schrauben oder drücken.

Ringrasseln

Ab 6 Jahren

Material: Metallring oder sehr großer Schlüsselring (Durchmesser ca. 10 cm), Schüssel, Garnrollen, Knöpfe, Filmdosen, Überraschungseierdosen oder andere Dinge, die sich auffädeln lassen.

In die Dosen mit dem Handbohrer vorsichtig ein Loch bohren. Anschließend die Teile auf eine stabile Kordel oder ein Lederband ziehen oder direkt auf den Ring reihen. Das Band an dem Metallring befestigen.

Zupfgummi

Ab 6 Jahren

Material: Schuhkartondeckel, Blechdose, Blumentopf oder ein anderes Gefäß, viele Haushaltsgummis in unterschiedlicher Größe

Mehrere Gummis um das Gefäß spannen und durch Zupfen Töne erzeugen. Je nach Spannung der Gummis sind unterschiedlich hohe Töne zu hören. Die Gummis in steigender Tonfolge anordnen.

Klänge senden

Ab 6 Jahren

Jeder Teilnehmer erhält ein Instrument, z. B. Glockenspiel, Flöte, Handtrommel oder ein Geräusch-Instrument. Alle Spieler sitzen im Kreis. Der jüngste Spieler beginnt, nennt den Namen eines anderen Spielers und „sendet" ihm einen Ton, eine Klangfolge oder einen Rhythmus mit seinem Instrument. Das benannte Kind spielt die Töne genau nach. Danach sendet es selbst seine Klänge an ein anderes Kind weiter.

Die gold'ne Brücke

Ab 6 Jahren

Zwei Spieler verabreden, wer von ihnen der Himmel, wer die Hölle sein soll und geben sich einen Fantasienamen. Sie bilden mit gefassten und hocherhobenen Händen eine Brücke, durch die die anderen Spieler nach einer Leiermelodie singend hindurchziehen.

Zieht alle durch, zieht alle durch,
durch die gold'ne Brücke!
Sie ist entzwei, sie ist entzwei,
wir woll'n sie wieder flicken!
Der erste, der zweite, der letzte muss gefangen sein!

Jeweils der letzte Mitspieler wird durch Senken der Arme gefangen und gefragt: „Harry oder Zora?" Je nach Antwort stellt er sich dann hinter Harry oder Zora. Nachdem alle Mitspieler in zwei Gruppen aufgeteilt sind, werden die „Zoras" auf den verschlungenen Händen der Brückenbauer mit einem Vers geschaukelt:

Zora, die wird geschaukelt, geschaukelt, bis in den Himmel hinein.

Die „Harrys" stehen zwischen den Armen der Brückenbauer und werden hin- und hergeschüttelt:

Harry, der wird gerüttelt, geschüttelt und zum Teufel gejagt.

Planetentanz

Ab 6 Jahren

Material: pro Teilnehmer 1 Reifen

Die Reifen liegen im Raum verteilt im Raum, sie sind die Raumschiffe. Jeder besteigt sein Raumschiff und es geht los.

- Reifen auf den Boden klopfen
- Alle rufen: „Der Countdown läuft: 10, 9, 8, 7, 6, 5, 4, 3, 2, 1." (Während des Zählens den Reifen immer höher bist zur Hüfte heben)
- Alle „fliegen" im Raum umher und singen den Liedrefrain: „Völlig losgelöst von der Erde, fliegt mein Raumschiff, schwerelos."
- Landung auf dem Feuerplaneten: Alle laufen vorsichtig auf Zehenspitzen, als würde es an den Füßen brennen ...

Wiederholungen anfänglich wie oben, also ins Raumschiff steigen, der Countdown – doch das Reiseziel wird variiert, z. B.:

- Wir landen auf dem Roboterplaneten: Hier kann man sich nur wie Roboter bewegen.
- Wir landen auf dem Zeitlupenplaneten: Hier bewegen sich alle ganz langsam.
- Wir landen auf dem Höhlenplaneten: Hier gehen alle mit geschlossenen Augen umher ...

Nach der letzten erfolgreichen Landung bilden die Kinder in den Reifen einen Kreis und alle tanzen ihren Lieblingsplanetentanz.

Das rote Pferd (nach der Melodie: „Die Welt ist schön, Milord …")

Ab 6 Jahren

Spielverlauf: Die Mitspieler stehen im Kreis mit dem Gesicht nach außen, sie singen das Lied und bewegen sich entsprechend der Anweisung:

Da hat das rote Pferd	*Auf die Oberschenkel klatschen,*
sich einfach umgekehrt	*schwungvoll umdrehen,*
und hat mit seinem Schweif	*rechten Ellbogen in der linken Hand aufstützen, nach rechts und links pendeln,*
die Fliege abgewehrt.	*rechte Hand klatscht auf die linke,*
Die Fliege war nicht dumm,	*mit rechtem Zeigefinger an die Stirn tippen,*
sie machte sum, sum, sum	*mit dem rechten Zeigefinger*
und flog mit viel Gebrumm	*kreisende Bewegungen um den Kopf machen,*
ums' rote Pferd herum.	*schwungvoll umdrehen.*

Das Lied mehrmals wiederholen und das Tempo steigern. Die Mitspieler erfinden eigene Bewegungen zum Text.

Empfehlenswerte Spielmaterialien

- CD-Player, Kassettenrecorder
- Aufnahmegeräte mit Playbackvorrichtungen
- Tonträger mit Aufnahmen unterschiedlicher Musikrichtungen (Klassische Konzerte, Oper, Operette, Musical, Rock, Pop, HipHop, Schlager, Blasmusik , Volksmusik, Chorgesang, Blues, Jazz)
- Diverse Musikinstrumente (z. B. Blockflöte, Mundharmonika, Melodica, Glockenspiel, Triangel, Xylophon, Klangstäbe, Handtrommel, Keyboard)

Musiktipps
finden Eltern auf der Webseite
www.toene-fuer-kinder.de

3.6 Mädchen zu Mädchen und Jungen zu Jungen

Zur Entwicklung der Geschlechtsidentität

Im Laufe des Grundschulalters stabilisiert sich die Persönlichkeit des Kindes. Das Kind lehnt die abstrakte Erfahrungs- und Wertevermittlung der Erwachsenen ab, und es kommt häufiger zu opponierendem Verhalten. Kinder wollen eigene Erfahrungen machen und diese mit ihren selbst gewählten Freunden teilen. Das Alter ist für Schulkinder ein wichtiges Statusmerkmal, deshalb grenzen sie sich besonders gegenüber den Jüngeren ab. Der Ablösungsprozess vom Elternhaus beginnt und viele Kinder verbringen mehr Zeit mit ihren Freunden als mit der eigenen Familie.

Gestern wurde Mara 8 Jahre alt. Ihre vier besten Freunde aus der Klasse hatte sie zur Geburtstagsfeier eingeladen: Shirin (7;8 Jahre), Vivi (8,6 Jahre), Josh (7;6 Jahre) und Julius (8;4 Jahre). Sie hatten viel Spaß miteinander und es gab Maras Lieblingsessen Pi-Po (Pizza, Pommes). Nach dem Essen sind sie in den nahen Wald gegangen und haben eine Schnitzeljagd gemacht, wobei die Mädchen gegen die Jungen angetreten sind und Mara die Regeln bestimmen durfte. Später wollten die Mädchen eigentlich Gummitwist spielen, aber das fanden die Jungen langweilig. Sie einigten sich schließlich auf Fang- und Pantomimenspiele. Im nächsten Jahr will Mara zu ihrer Geburtstagsfeier lieber doch nur Mädchen einladen.

Es entstehen Spielgruppen und Cliquen mit eigenen Regeln, Werten und ausgeprägtem Gefühl für Gruppenzugehörigkeit. In den unterschiedlichen Gruppierungen festigen sich soziale Einstellungen und geschlechtsspezifisches Rollenverhalten.
Die Geschlechtidentität stabilisiert sich mit sechs Jahren. In ihrem Sozialverhalten zeigen Grundschulkinder geschlechtstypische Unterschiede und bevorzugen gleichgeschlechtliche Spielpartner. Untersuchungen über das Spielverhalten von Kindern im Alter zwischen sechs und zehn Jahren stellten fest, dass es deutliche Unterschiede zwischen Jungen und Mädchen gibt. So bevorzugen Mädchen das Spiel in kleineren Gruppen, Jungen ziehen größere Spielgruppen vor. Mädchen spielen häufiger in altersgleichen Gruppen, Jungen öfter in altersgemischten Gruppen. Mädchen wissen über ihre Freundinnen mehr als Jungen über ihre Teamkameraden. Das mag auch daran liegen, dass Mädchen eher auf kooperativer Ebene miteinander spielen, während Jungen in ihren Spielen miteinander wetteifern.
In dieser Entwicklungsphase laufen Bemühungen, geschlechtsspezifische Verhaltensweisen zu beeinflussen oft ins Leere. Die Kinder im Grundschulalter müssen sich erst mit den weiblichen und männlichen Eigenschaften aktiv handelnd auseinandersetzen, bevor sie sich etwa ab dem zehnten Lebensjahr, also mit Beginn der Pubertät, ein differenzierteres Bild von typisch männlichem und weiblichem Verhalten aneignen. Dieser Prozess sollte von Eltern und anderen erwachsenen Bezugspersonen einfühlend begleitet werden.

Tipps zur Förderung der Geschlechtsidentität

- „Ein Junge weint doch nicht!", „Stell' dich doch nicht so an wie ein Mädchen!", „Du bist doch schon ein großer Junge!", „So etwas sagen /tun Mädchen nicht!", „Mädchen spielen mit Puppen und nicht mit Autos!", „Benimm dich wie ein Junge / wie ein Mädchen!", „Du bist neugierig, wie ein Mädchen!" – solche stereotypisierenden Aussprüche und Bemerkungen sollten Eltern und andere Bezugspersonen vermeiden.
- Wenn ein Junge / Mädchen weint, besser nachfragen, was passiert ist, was ihn / sie belastet oder was ihn / sie traurig macht.
- Jungen und Mädchen die Angst haben und sie auch zeigen, haben oft auch einen guten Kontakt zu ihren Gefühlen. Sie sind wachsam, skeptisch, passen auf sich auf. Sie beachten ihre Gefühle und begeben sich nicht schnell in unkontrollierbare Situationen. Erwachsene stärken Kinder, indem sie ihre Gefühle respektieren.
- Wenn ein Junge sich „weich" oder ein Mädchen sich „stark" zeigt, so ist das ein Zeichen dafür, dass er / sie mit sich im Einklang steht. Es stärkt das kindliche Selbstbewusstsein, wenn dieses Verhalten auch als liebenswert anerkannt wird.
- Wenn ein Mädchen sich kraftvoll und ein Junge sich geschmeidig bewegt, zeigen sie ein gutes Körpergefühl, sie beachten ihre inneren Körpersignale und gehen maßvoll mit ihrem Körper und seinen Kräften um.
- Sprechfreudige Mädchen / Jungen finden leichter Kontakt und Freunde. Diese Fähigkeit, sich sprachlich mitzuteilen und auszutauschen, sollte Kindern als wertvolle Kompetenz gespiegelt werden.
- Jungen wie Mädchen haben das Recht, alle möglichen Fragen zu stellen. Sie sind im besten Sinne neugierig und wissbegierig. Sie wollen die Welt um sich herum in allen Fassetten erfahren und verstehen. Ohne Neugierde hätte die Menschheit sich nicht weiterentwickelt.
- Bei ihren Spielen, bei sportlichen und anderen Aktivitäten in „ihrer" Clique / Gruppe erleben Jungen wie Mädchen Gemeinschaft, Freundschaft und Solidarität als wichtige Voraussetzungen für ihre Freizeitgestaltung, aber auch für schulische Lernsituationen. Die erworbenen Kompetenzen sind zudem für die spätere Arbeitswelt nützlich.

Pantomime & Co.

Marionetten-Pantomime

Ab 7 Jahren

Die Teilnehmer stehen im Kreis und stellen sich vor, sie wären Marionetten, die von einem Unsichtbaren an den entsprechenden Fäden bewegt werden. Die Spielleitung als Marionettenspieler gibt an, an welchem Faden der Unsichtbare gerade zieht, z. B. zieht er an dem Kopffaden (der Kopf geht nach oben), er zieht an dem rechten Unterarmfaden (der rechte Unterarm geht nach oben), zwei Marionetten gehen aufeinander zu und begrüßen sich usw. Zum Schluss lässt der Unsichtbare alle Fäden los und die Marionetten fallen in sich zusammen auf den Boden. Nach den isoliert geübten Bewegungen erfinden die Teilnehmer eine kurze Geschichte, die sie dann spielen.

Schauspielschule

Ab 7 Jahren

Es werden Darsteller für eine neue Fernsehserie gesucht. Die Spieler sind Schauspielschüler und bewerben sich für eine Rolle. Beim Casting sollen verschiedene Aufgaben gelöst werden, d. h. unterschiedliche Figuren oder Situationen müssen dargestellt werden:

- Ein Kleinkind spielt auf dem Spielplatz in der Sandkiste ...
- Ein zerstreuter Professor sucht verzweifelt seine Hausschlüssel ...
- Ein alter, gebeugter Mensch mit unsicherem Gang und zittriger Stimme ...
- Ein Liebespaar trifft sich auf einer Parkbank ...

Zaubertopf-Pantomime

Ab 7 Jahren

Jeder Teilnehmer schreibt auf einen Zettel eine Tätigkeit oder einen Gegenstand. Die Zettel einfach zusammenfalten und in einen Topf mit Deckel legen. Die Spieler sitzen im Kreis. In der Mitte steht der Topf, ein Spieler steht als Zauberer mit einem Zauberstab neben dem Topf.

Alle sprechen:
In einem dunklen, dunklen Tann,
wohnt ein alter Zaubermann.
Wickelt, wackelt mit dem Kopf (Kopf wackeln)
und rührt in seinem Zaubertopf (Rührbewegung):

Zauberer spricht:
Feuer, Feuer flamme auf,
erhitze meinen Topf darauf.
Der Zauberstab springt hin und her (von einer Hand zur anderen),
es kommt heraus ein ...

Der Zauberer zieht einen Zettel aus dem Topf, stellt den anderen pantomimisch den versteckten Gegenstand dar, den die anderen erraten sollen. Den Zettel zur Seite legen, ein neuer Zauberer beginnt.

Spiegelpantomime

Ab 7 Jahren

Zwei Spielpartner stehen sich gegenüber; einer ahmt als Spiegel die Mimik des anderen nach. Dabei können verschiedene Tätigkeiten, wie z. B Zähne putzen, ausgeführt werden. Nach einiger Zeit erfolgt ein Rollenwechsel.

Variante: Als „Ganzkörperspiegel" werden alle Bewegungen gespiegelt.

Waschanlage

Ab 7 Jahren

Die Spieler bilden eine Doppelreihe. Je zwei Spielen stehen sich gegenüber. Das erste Paar sind die Eingangsreinigungsbürsten, die nächsten die Seitenbürsten, die folgenden die Dachbürsten usw. Ein Spieler geht als Auto durch die Waschanlage. Dort wird er gerieben, geklopft, gestreichelt, gepustet usw.

Verrückte Maschine

Ab 7 Jahren

Bei der verrückten Maschine beginnt der erste Spieler mit einem Maschinengeräusch und einer entsprechenden Bewegung. Der nächste hängt sich an mit einem anderen Maschinengeräusch und einer anderen Bewegung. Sind alle Spieler einbezogen, setzt sich die stampfende Maschine in Gang, wird immer schneller, bis sie explodiert.

Ball der Tiere

Ab 7 Jahren

Bei diesem Tanzspiel sitzen sich zwei Teilnehmer (Tanzmeister) an der Tanzfläche gegenüber. Alle anderen Spieler gehen auf die Tanzfläche, denken sich ein Tier aus, das sie imitieren wollen. Sobald die Musik spielt, tanzen sie so, wie das Tier, das sie nachahmen. Die beiden Tanzmeister außerhalb der Tanzfläche raten nacheinander, welche Tiere dort tanzen und nennen diese laut beim Namen. Tiere, die erkannt werden, tanzen an den Rand zum entsprechenden Tanzmeister und raten von da an mit. Der Tanzmeister, der die meisten Mittänzer um sich versammeln kann, führt eine Polonaise an.

Es können beliebige Wiederholungen stattfinden, mit Variationen wie: Tierlaute, Tierpartnersuche, Tierfamiliensuche.

Wer bin ich?

Ab 7 Jahren

Material: Zettel, Stifte

Jeder Teilnehmer schreibt seinen Namen auf einen Zettel. Diese werden eingesammelt und gemischt. Anschließend zieht jeder Mitspieler einen Namen und versucht nun, etwas über sein neues „Ich" zu erzählen, d. h. über denjenigen, dessen Namenszettel er gezogen hat. Die anderen versuchen zu erraten, wer gemeint ist.

Tipp: Bevor die Raterunde beginnt, eine Zeit festlegen, in der sich jeder reihum vorstellt.

Zauberknoten

Ab 7 Jahren

Alle Mitspieler stehen im Kreis und strecken ihre Hände in die Mitte. Jeder greift nun nach zwei Händen, jedoch nicht nach denen des unmittelbaren Nachbarn und nicht beide Hände eines einzelnen Teilnehmers. Wenn jede Hand eine andere gefunden hat, besteht die Aufgabe der Spieler darin, den entstandenen Knoten zu entwirren, ohne dabei die Hände zu lösen. Wie von Zauberhand bilden zum Schluss alle einen Kreis.

Das Geheimnis der starken Schwerter

(Spielkette)

Ab 8 Jahren

***Material:** ein Schatz (z. B. pro Person ein Würstchen, Kartoffeln in Alufolie, Getränke), für jede Schatzsuchergruppe eine Schatzkarte in den Farben blau, gelb, rot (in drei Teile zerschnitten), Verkleidung für die Hexe*

Erzähler (Spielleitung I): Im letzten Würstchen- und Kartoffelkrieg wurden die „Starken Schwerter", eine mächtige Räuberbande, von einer noch mächtigeren Bande überfallen. Alles haben die Räuber jedoch nicht erbeutet, denn im letzten Moment konnten einige ihre wenigen Kostbarkeiten in einem entlegenen Waldstück vergraben. Aus sicherer Quelle ist uns heute zu Ohren gekommen, dass sich der vergrabene Schatz auf diesem Gelände befindet. Nachfahren der „Starken Schwerter" befinden sich sogar unter uns. Sie sind noch im Besitz eines Fragments der Schatzkarte (jede Gruppe erhält das erste Kartenstück), auf der sie einst notiert haben, wo ihre Kostbarkeiten vergraben sind. Folgt ihr dieser Karte, so werdet ihr an eine Stelle gelangen, an der sich vermutlich das zweite Kartenstück befindet. Ein ururalter Nachfahre der „Starken Schwerter" hat uns übrigens erzählt, dass vermutlich das dritte Kartenstück im Besitz einer Hexe ist (Spielleitung). Spürt die Hexe auf. Bildet einen Kreis um sie und fordert das wichtigste Schatzkartenstück von ihr heraus. Viel Glück bei eurer Schatzsuche. Die Gruppe, die als erste den Schatz gefunden hat, bringt ihn hierher. Gemeinsam werden wir beratschlagen, was wir mit dem Schatz tun werden.

Spielverlauf:

- Die Spielleitung versteckt den Schatz.
- Es werden drei Schatzkarten in den Farben rot, blau und gelb angefertigt und in je drei Teile zerschnitten.
- Das erste Kartenstück wird zu Beginn des Spiels jeweils an die Gruppen verteilt. Jede Gruppe erhält jedoch eine andere Beschreibung zu dem ersten Versteck.
- Die Gruppen entfernen an dem Versteck nur das Kartenstück in ihrer Gruppenfarbe.
- Jede Gruppe darf die Verstecke nur einmal aufsuchen.
- Die zweite Spielleiterin befindet sich als Hexe verkleidet auf dem Spielgelände.
- Die Gruppe, die die Hexe entdeckt hat, bildet einen Kreis um sie und fordert das dritte Kartenstück heraus.
- Der Schatz kann sich auch außerhalb des Spielfeldes befinden.
- Die Gruppe, die den Schatz zuerst gefunden hat, bringt ihn zum Ausgangspunkt.
- Gemeinsam wird ein Lagerfeuer gemacht, auf Stöcke gespießte Würstchen werden gegrillt, Folienkartoffeln in der Glut gegart und Getränke verteilt.

Walpurgisnacht

Ab 8 Jahren

Eine Gruppe will sich in einem abgegrenzten Gelände und in einem festgelegten Zeitraum an einer bestimmten Stelle versammeln. Die gegnerische Gruppe versucht, sie daran zu hindern. Wenn die Gruppe gesehen wird, werden sie gefangen genommen.

Ring the Bell

Ab 8 Jahren

Mit fünf bis zehn Minuten Vorgabezeit vor der Hauptgruppe machen sich drei bis fünf Spieler unbeobachtet auf den Weg. Sie nehmen eine Trillerpfeife mit und geben nach der Vorgabezeit alle zwei Minuten verabredete Zeichen. Gelingt es den Verfolgern, die Ausreißer innerhalb von 30 bis 60 Minuten (die Zeitspanne richtet sich nach Entfernungen und Gelände) einzufangen, haben sie das Spiel gewonnen.

Variante: Das Spiel kann auch als Mitternachtswanderung durchgeführt werden. Anstelle der akustischen Signale können im Dunkeln Lichtsignale mit der Taschenlampe den Weg weisen.

Playstation (Spielkette)

Ab 8 Jahren

Spielort: ein Platz mit einer natürlichen Grenze, z. B. einem Bachlauf oder einem Fußweg
Material: Spielmaterial wie Bälle, Springseile, Krocket, Tischtennisschläger, Kartenspiele, Frisbee etc.

Erzähler: König Dragon und seine Gemahlin Cinderella regieren das Land mit eiserner Strenge. Spielen ist im ganzen Land verboten. Jeder Handel mit Toys, also Spielzeug, ist untersagt, und wer beim Spielen erwischt wird, kommt in den Kerker. Die Landesgrenze wird von Spielwächtern kontrolliert, die aufpassen, dass kein Spielzeug ins Land gebracht wird. Trotzdem lassen sich einige Untertanen nicht abschrecken. Besonders Kinder versuchen immer wieder, Gegenstände ins Land zu schmuggeln, mit denen sie dann heimlich an versteckten Playstations (Orten) spielen und Spaß haben. Wird jemand an der Landesgrenze beim Schmuggeln erwischt (berührt), wird er gefangen genommen und seine „Toys" werden sofort beschlagnahmt.

Spielverlauf:

- Eine Stelle einrichten, an der sich die Spielmaterialien befinden (ca. 100 m von der Grenze entfernt).
- Grenzbereich markieren.
- Zwei Gruppen bilden (Gruppenmerkmale anfertigen, z. B. Stirnbänder, Halstücher).
- Die „Spielleiterinnen" halten sich im Grenzbereich auf.
- Die Spielwächter verteilen sich entlang der ca. 500 m langen Grenze. Sie dürfen sich nur 20 m von der Grenze entfernen.
- Die „Schmuggler" erhalten einen Plan, auf dem die Materialstelle und das Ziel eingetragen sind.
- Wird im Grenzbereich ein „Schmuggler" von einem „Spielwächter" berührt, wird er gefangen genommen. Seine Ware muss er abgeben.
- Die Gruppe, die in der festgelegten Zeit die meisten Spielgegenstände besitzt, hat gewonnen.
- Es ist sinnvoll, das Spiel mit vertauschten Rollen zu wiederholen.
- Zum Abschluss wird gemeinsam ein Spielfest oder ein Spielnachmittag mit den geschmuggelten Spielgegenständen durchgeführt.

Jagd nach dem Amulett

Ab 8 Jahren

Zwei Mannschaften besitzen je ein eigenes abgegrenztes Spielfeld, in dem sie in Sicherheit sind. Ihr Amulett bzw. Gruppenzeichen befindet sich jedoch im gegenüberliegenden Spielfeld. Jede Mannschaft versucht nun, durch taktische Vorgehensweise ihr Amulett zurückzuerobern, ohne von der gegnerischen Mannschaft gefangen zu werden.

Empfehlenswerte Spielmaterialien

- Requisiten zum Nachspielen von Situationen aus dem Alltagsleben, aber auch aus Fantasiewelten (Schreibmaschine, Fernrohr, typische Berufskleidung, Angelrute, …)
- Theaterspielpuppen (Handpuppen, Marionetten, Bühne, Kulissen)
- Material für Schwarzlichttheater
- Modelleisenbahn, Modellautos
- Material zur Herstellung von Kulissen, Spielfiguren und anderem Zubehör für den Modellbau
- Modellflugzeuge, Modellschiffe
- Gesellschafts- und Brettspiele
- Computer und PC-Spiele

Dosenmarionette

Ab 8 Jahren

***Material:** 1 Stock, 1 leere große Dose, 1 leere kleine Dose, ca. 14 Flaschendrehverschlüsse oder Kronkorken, Bindfaden, Paketband, Pappe, Wolle, Stoffrest, ein Nagelbohrer*

In alle Flaschenverschlüsse mit dem Nagelbohrer mittig ein kleines Loch stechen. In die große Dose jeweils unten und oben zwei Löcher stechen. Bei der großen und der kleinen Dose in der Mitte des Bodens ein Loch stechen.
Aus Pappe Augen und Mund ausschneiden und auf die kleinere Dose kleben. Die Wolle als Haare auf den Dosenboden kleben.
Für die Beine das Paketband verknoten, einen Flaschenverschluss auffädeln und einen Knoten anbringen; in gleichen Abständen drei weitere Verschlüsse auffädeln und verknoten. Die Fadenenden beider Beine durch die seitlichen Löcher in der Dose ziehen und verknoten. Darauf achten, dass der Dosenboden oben ist. Die Arme genauso herstellen und an der oberen Seiten der großen Dose befestigen, die Fadenenden hängen lassen. Dann ein längeres Stück Band durch den Boden der großen Dose ziehen und einen Knoten setzen, die kleinere Dose aufziehen und ebenfalls einen Knoten machen, das Ende das Fadens wird in der Mitte des Stockes angeknotet. Das überstehende Band der Arme an den äußeren Enden des Stockes befestigen. Zum Schluss noch einen Umhang aus Stoff anfertigen.

Spielidee: Aus Dosen Ritter Rost und eine Prinzessin basteln. Das Spielgedicht mit den Marionetten in Szene setzen. Dazu spricht ein Erzähler den Text und zwei Puppenspieler führen mit den Puppen die passenden Bewegungen aus, während im Hintergrund ausgesuchte Musik läuft.

Ritter Rost und die Prinzessin
Der Ritter ist ein stolzer Mann,
schaut die Prinzessin freudig an.
Prinzessin schlägt die Augen nieder,
ihr Herz pocht laut, immer wieder.
Sie tanzen hin, sie tanzen her,
nach vorn, nach hinten fällt nicht schwer.
Sie drehen sich im Kreise.
Nun schaut mal zu und seid ganz leise.
Zum Schluss umarmen sie sich sacht.
Und wünschen eine: „Gute Nacht!"

Hexenritt (Text: Autorinnen)

Ab 8 Jahren

Hinter einer Dornenhecke
steht ein Hexenhaus.
Drinnen wohnt die Hexe Zecke,
manchmal schaut sie auch heraus.

Und ihr Mann, der Zaub'rer Zecke,
der wohnt auch in diesem Haus.
Will sich seinen Wald ansehen,
wo die hohen Tannen stehen.

Elfen sitzen in den Zweigen,
tanzen einen Elfenreigen.
Hinter dem Garagentor
holt die Hex' den Besen vor.

Spannt davor die Krähe Krap,
die krächzt laut: „Wir hauen ab!"
Zaub'rer Zecke ruft: „Moment, Moment,
die Vorderbremse klemmt!"

Doch die Hexe hört nicht drauf,
reitet los im wilden Lauf.
Und schon bläst ein starker Sturm,
Krähe schreit: „Pass auf der Turm!"

Doch der Besen kracht entzwei
und sie landen eins, zwei, drei,
auf des Turmes höchster Spitze.
Ob sie da noch heute sitzen?

Spielidee: Auch dieses Gedicht kann mit selbst hergestellten Spielfiguren in Szene gesetzt werden, evtl. auf einer Bühne aus Stühlen (siehe S. 66) mit Kulissen aus farbigem Papier.

Impressum

Die Autorinnen

Mechthild Wessel (links) und **Brigitte vom Wege** (rechts) sind Sozialpädagoginnen, sie unterrichten an der Fachschule für Sozialpädagogik in Iserlohn. Beide führen spiel- und theaterpädagogische Fortbildungsveranstaltungen durch, außerdem sind sie Autorinnen zahlreicher Fachpublikationen.

FSC www.fsc.org
MIX
Paper from responsible sources
FSC® C010798

Überarbeitete Neuausgabe von „Das große Ideenbuch Kinderförderung"

www.herder.de

Umschlaggestaltung: SchwarzwaldMädel, Simonswald
Innengestaltung: Uwe Stohrer
Illustrationen: Detlef Kersten

Satz: Arnold & Domnick, Leipzig
Herstellung: Graspo CZ, Zlín
Printed in the Czech Republik

ISBN 978-3-451-32726-1